SIGA EM FRENTE →

10 MANEIRAS DE MANTER A CRIATIVIDADE NOS BONS E MAUS MOMENTOS

Tradução de Sofia Soter

AUSTIN KLEON

Rocco

Título Original
KEEP GOING
10 Ways to Stay Creative in Good Times and Bad

Copyright © 2019 *by* Austin Kleon
Capa © *by* Austin Kleon

Todos os direitos reservados.
Nenhuma parte desta obra pode ser reproduzida ou
transmitida por meio eletrônico, mecânico, inclusive fotocópia,
ou sob qualquer outra forma sem a autorização, por escrito, do editor.

Edição brasileira desta obra publicada mediante acordo com
Workman Publishing Company. Inc., New York.

Direitos para a língua portuguesa reservados com exclusividade para o Brasil à
EDITORA ROCCO LTDA.
Rua Evaristo da Veiga, 65 – 11º andar
Passeio Corporate – Torre 1
20031-040 - Rio de Janeiro – RJ
Tel.: (21) 3525-2000 – Fax: (21) 3525-2001
rocco@rocco.com.br
www.rocco.com.br

Printed in Brazil/Impresso no Brasil

Preparação de originais
TIAGO LYRA

CIP-Brasil. Catalogação na publicação
Sindicato Nacional dos Editores de Livros, RJ.

K72m	Kleon, Austin
	Siga em frente: 10 maneiras de manter a criatividade nos bons e maus momentos / Austin Kleon; tradução Sofia Soter. – 1ª ed. – Rio de Janeiro: Rocco, 2020. (Pitchdeck)
	Tradução de: Keep going: 10 ways to stay creative in good times and bad
	ISBN 978-65-5532-010-7
	ISBN 978-65-5595-010-6 (e-book)
	1. Criatividade. 2. Empreededorismo. I. Soter, Sofia. II. Título. III. Série.
20-64510	CDD-153.35
	CDU-159.954

Leandra Felix da Cruz Candido – Bibliotecária – CRB-7/6135

Impressão e Acabamento: LIS GRÁFICA E EDITORA LTDA.

PARA MEGHAN + OWEN + JULES
(OS MOTIVOS PARA EU CONTINUAR)

ESCREVI ESTE LIVRO PORQUE PRECISAVA LÊ-LO............ 1

① RECOMECE TODOS OS DIAS, COMO NO FEITIÇO DO TEMPO............ 4

② CONSTRUA UMA ESTAÇÃO DE BEM-AVENTURANÇA............ 36

③ ESQUEÇA O SUBSTANTIVO, FAÇA O VERBO............ 62

④ FAÇA PRESENTES............ 76

⑤ ORDINÁRIO + ATENÇÃO EXTRA = EXTRAORDINÁRIO----------------------------98

⑥ MATE OS MONSTROS ARTÍSTICOS--------120

⑦ VOCÊ PODE MUDAR DE IDEIA----------128

⑧ NA DÚVIDA, ARRUME------------------146

⑨ DEMÔNIOS ODEIAM AR FRESCO--------168

⑩ PLANTE SEU JARDIM------------------180

ENTREOUVIDO NO TITANIC

"Tá, estamos afundando,"

Mas

a

música

é excepcional

"Acho que preciso me manter criativo, não para me provar, mas porque fico feliz por fazê-lo... acho que tentar ser criativo, se manter ocupado, tem muito a ver com continuar vivo."

– *Willie Nelson*

ESCREVI ESTE LIVRO PORQUE PRECISAVA LÊ-LO.

Uns anos atrás, eu acordava, lia as notícias no celular e sentia que o mundo se tornara mais burro e cruel enquanto eu dormia. Ao mesmo tempo, fazia mais de uma década que eu escrevia e criava arte, mas não parecia ficar mais fácil. *Não é para ficar mais fácil?*

Tudo melhorou quando aceitei que talvez *nunca* ficasse mais fácil. O mundo é uma loucura. Trabalho criativo é difícil. A vida é curta, a arte é longa.

A pergunta para quem está exausto, começando, recomeçando ou absurdamente bem-sucedido é sempre a mesma: como seguir em frente?

Este livro é uma lista de dez coisas que me ajudaram. Escrevi principalmente para escritores e artistas, mas acho que os princípios se aplicam a qualquer pessoa que tente sustentar uma vida criativa significativa e produtiva, incluindo empreendedores, professores, estudantes, aposentados e ativistas. Roubei muitos dos meus argumentos de outras fontes. Espero que você também encontre coisas para roubar.

Não há regras, óbvio. A vida é arte, não ciência. Cada um é cada um. Pegue o que precisa, deixe o resto de lado.

Siga em frente e se cuide.

Farei o mesmo.

O RECOMECE

DIAS,

FEITIÇO

TODOS OS COMO NO DO TEMPO.

LEVE UM DIA DE CADA VEZ.

> "Ninguém sabe o que vai acontecer. Não gaste seu tempo se preocupando com isso. Faça a coisa mais linda que puder. Tente fazê-la todos os dias. Pronto."
>
> – *Laurie Anderson*

Sempre que falam de "jornada criativa", reviro os olhos.

Parece arrogante demais. Heroico demais.

Minha única jornada criativa são os três metros entre porta dos fundos e o estúdio na garagem. Eu me sento à escrivaninha, olho para uma folha em branco e penso: "Não fiz exatamente isso ontem?"

Quando estou trabalhando na arte, não me sinto como Ulisses. Pareço Sísifo, que empurra a pedra colina acima. Quando estou trabalhando, não me sinto como Luke Skywalker. Pareço o personagem Phil Connors, do filme *Feitiço do tempo*.

Para quem não viu ou precisa lembrar, *Feitiço do tempo* é uma comédia de 1993, estrelada por Bill Murray no papel de Phil Connors, um meteorologista que fica preso em uma armadilha temporal e acorda todo dia no 2 de fevereiro – o Dia da Marmota –, em Punxsutawney, na Pensilvânia, onde reside o Phil de Punxsutawney, a famosa marmota que prevê as semanas futuras de inverno de acordo com ver ou não a própria sombra. Phil, o meteorologista, odeia Punxsutawney e a cidade se torna uma espécie de purgatório em sua vida. Ele tenta de tudo, mas não consegue sair da cidade nem chegar ao dia 3 de fevereiro. O inverno, para Phil, não tem fim. Por mais que se esforce, ele acorda na mesma cama, na mesma manhã, obrigado a encarar o mesmo dia.

Em um momento de desespero, Phil se vira para uns bêbados na pista de boliche e pergunta:

– O que vocês fariam se estivessem presos num lugar, todo o dia fosse exatamente o mesmo e nada que fizessem tivesse importância?

É a pergunta que Phil precisa responder para que o enredo do filme avance, mas também é a pergunta que precisamos responder para avançar o enredo da vida.

Acho que a arte é a resposta à pergunta.

todo

Dia

se

cria
do zero

Óbvio que não sou a primeira pessoa a sugerir *Feitiço do tempo* como, quem sabe, a *melhor* parábola da nossa época. Harold Ramis, diretor e corroteirista do filme, disse que já recebeu cartas infinitas de padres, rabinos e monges elogiando a mensagem espiritual do filme e a identificando às suas próprias religiões. Eu, por outro lado, acredito que o filme é especialmente relevante para quem quer trabalhar com criatividade.

O motivo é o seguinte: a vida criativa *não* é linear. Não é uma linha reta de A a B. É mais como um ciclo ou uma espiral, onde você volta ao novo ponto de partida depois de cada projeto. Por mais sucesso que faça, por mais alto que seja o nível de conquista, é impossível "chegar lá". A única linha de chegada ou aposentadoria para a pessoa criativa é a morte. "Mesmo ao atingir a elevação", escreve o músico Ian Svenonius, "o grupo infinitesimal que chegou a notar vai perguntar: 'E agora?'."

Os artistas realmente prolíficos que conheço sempre têm resposta para a pergunta, pois encontraram uma *prática diária*: uma forma repetida de trabalhar que os protege do sucesso, do fracasso e do caos do mundo externo. Identificaram aquilo com o que querem gastar o tempo e trabalham nisso todo dia, aconteça o que acontecer. Quer a última criação seja universalmente rejeitada, ignorada ou aclamada, sabem que acordarão no dia seguinte para trabalhar.

Temos tão pouco controle sobre nossas vidas. Só podemos controlar o que fazemos com nossos dias. No que trabalhamos e o quanto trabalhamos. Pode parecer exagero, mas acho mesmo que a melhor coisa a fazer caso queira criar arte é fingir que estrela uma nova versão de *Feitiço do tempo*: ontem acabou, o amanhã talvez nunca chegue, só temos o hoje e o que podemos fazer.

"Todo mundo pode lutar por um dia", começa um trecho selecionado do livro de meditações para alcoólatras em recuperação de Richmond Walker, *Twenty-Four Hours a Day*. "Só nos sobrecarregamos ao adicionar o peso das

duas eternidades horríveis, do ontem e do amanhã. Não é a experiência do hoje que enlouquece. É o arrependimento ou o rancor pelo que aconteceu ontem e o temor do que o amanhã trará. Portanto, façamos nosso melhor para viver um dia de cada vez."

A jornada criativa não nos leva à coroação do herói triunfante, que viverá feliz para sempre. A verdadeira jornada criativa é acordar todo dia, como Phil, com mais trabalho a fazer.

"A maneira como passamos o dia é, claro, a maneira como passamos a vida."

- Annie Dillard

ESTABELEÇA UMA ROTINA DIÁRIA.

> "Depender de técnica e rotina é muito menos sedutor do que ser um gênio artístico, mas é uma estratégia excelente para não enlouquecer."
>
> – Christoph Niemann

Teremos dias bons e ruins. Dias de inspiração e dias de querer pular da ponte. (E dias em que é difícil identificar a diferença.)

Uma rotina diária nos faz aguentar o dia e aproveitá-lo da melhor forma possível. "Um planejamento protege do caos e do desejo", escreve Annie Dillard. "É uma rede para pescar dias." Quando não souber o que fazer, a rotina sabe.

Quando não tiver muito tempo, uma rotina ajuda a dar valor ao pouco tempo que tem. Quando tiver todo o tempo do mundo, uma rotina ajuda a garantir que não será desperdiçado. Já escrevi enquanto trabalhava em outro lugar, enquanto trabalhava de casa o dia inteiro e enquanto cuidava de bebês. O segredo para escrever em todas essas situações era ter um planejamento e segui-lo.

No livro *Os segredos dos grandes artistas*, Mason Currey[1] cataloga a rotina diária de 161 indivíduos criativos:

---

1 Elsevier, 2013.

TODO DIA:

- ☐ OUÇA UMA MUSIQUINHA
- ☐ LEIA UM BOM POEMA
- ☐ VEJA UMA BELA PINTURA
- ☐ DIGA ALGUMAS PALAVRAS RAZOÁVEIS

— GOETHE

quando acordavam, quando trabalhavam, o que comiam, o que bebiam, como procrastinavam, e muito mais. É uma enorme colagem do comportamento humano. Ler sobre os hábitos de escritores já é semelhante a visitar um zoológico humano. Kafka rabiscava noite adentro, enquanto a família dormia. Plath escrevia de manhã, antes dos filhos acordarem. Balzac virava cinquenta xícaras de café por dia. Goethe cheirava maçãs podres. Steinbeck precisava apontar doze lápis antes de começar.

É, sem dúvida, divertido ler sobre as rotinas e rituais de pessoas criativas, mas o que se torna nítido depois de um tempo é que não há uma rotina perfeita e universal para o trabalho criativo. "A rotina diária é uma coleção idiossincrática de acordos, neuroses e superstições", escreve Currey, "montada por tentativa e erro, e sujeita a uma variedade de condições externas." Não adianta pegar a rotina diária do seu artista preferido na expectativa de que funcione. Todo mundo tem obrigações diárias diferentes

– emprego, família, vida social – e toda pessoa criativa tem seu próprio temperamento.

Para estabelecer uma rotina, é preciso passar um tempo observando os dias e humores. Onde há espaço livre na agenda? O que é possível cortar do dia para abrir tempo? Acorda cedo ou dorme tarde? (Conheço muito pouca gente que ama trabalhar à tarde. "Odeio este tempo vira-lata que não é dia nem noite", escreveu Charles Dickens.) Há rituais e superstições bobas que levam a um humor criativo? (Escrevi estas palavras com um lápis na boca, pintado para imitar um cigarro.)

Suponho que tem quem veja uma rotina restrita como prisão. Por outro lado, não estamos todos, de certa forma, "cumprindo tempo"? Quando o rapper Lil Wayne foi preso, fiquei com inveja da rotina dele: acordar às onze, tomar café, fazer ligações, tomar banho, ler cartas de fãs, almoçar, fazer ligações, ler, escrever, jantar, malhar, ouvir rádio, ler e dormir.

a Musa está pronta para me surpreender se eu aparecer todo dia e disser: "Vamos sair?"

– Cara, aposto que eu escreveria muito se estivesse preso – brinquei com minha esposa.

(Quando visitei Alcatraz, achei que seria uma residência artística perfeita. *Que vista!*)

Um certo aprisionamento – se por opção própria – pode ser libertador. Em vez de restringir a liberdade, uma rotina *cria* liberdade, pois nos protege da instabilidade da vida e ajuda a aproveitar o tempo, a energia e o talento limitados. Uma rotina estabelece bons hábitos que levam ao melhor trabalho.

Melhor ainda, na minha opinião: quando todo dia tem mais ou menos o mesmo formato, os dias cujo formato muda se tornam ainda mais interessantes. Nada se compara a uma boa fuga da prisão, porque matar aula não tem a mesma graça para quem nunca vai à escola.

Os elementos que compõem a rotina diária não importam tanto. O que importa é a existência dela.

Monte sua própria rotina, siga-a na maior parte dos dias, fuja de vez em quando por diversão e ajuste de acordo com a necessidade.

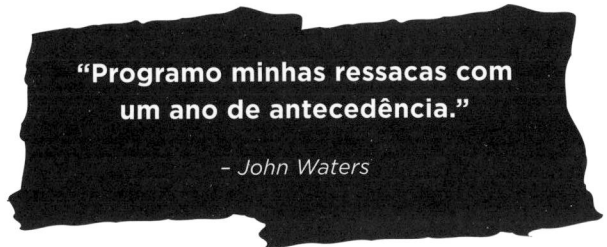

"Programo minhas ressacas com um ano de antecedência."

– John Waters

FAÇA LISTAS.

> "Eu faço listas para abaixar meu nível de ansiedade. Se anotar quinze coisas que preciso fazer, perco aquela sensação vaga e irritante de que tenho um número absurdo de tarefas a cumprir, todas prestes a serem esquecidas."
>
> – Mary Roach

Listas ordenam o caos do universo. Eu *amo* fazer listas. Sempre que preciso organizar a vida, faço uma lista. Listas tiram todas as ideias da cabeça e abrem espaço mental para sermos capaz de resolvê-las de verdade.

Quando estou sobrecarregado, me apoio na clássica lista de afazeres. Listo tudo que preciso fazer, seleciono a tarefa mais urgente e a cumpro. Risco da lista e seleciono a próxima. Repito.

Alguns dos meus artistas preferidos fazem listas do que desenhar. David Shrigley faz listas enormes de cinquenta coisas a desenhar com uma semana de antecedência. Por causa da lista, não precisa gastar tempo no estúdio pensando no que fazer. "A lição simples que aprendi ao longo dos anos é que, tendo um ponto de partida, o trabalho parece se fazer sozinho", diz.

Leonardo da Vinci fazia listas do que aprender. Assim que acordava, anotava tudo que queria aprender naquele dia.

LEMBRETES PARA MIM MESMO.

COMO SER FELIZ

1. LEIA LIVROS VELHOS.
2. FAÇA LONGAS CAMINHADAS.
3. TOQUE PIANO.
4. FAÇA ARTE COM CRIANÇAS.
5. VEJA COMÉDIA PASTELÃO.
6. OUÇA MÚSICA SOUL.
7. ESCREVA EM UM DIÁRIO.
8. COCHILE.
9. OLHE PARA A LUA.
10. FAÇA LISTAS BOBAS.

Quando tenho uma vontade futura para a qual não tenho tempo agora, incluo no que o especialista em produtividade David Allen chama de lista do "Um dia/Talvez". O escritor Steven Johnson faz isso em um documento que chama de "arquivo de centelha": sempre que tem uma ideia, inclui no arquivo, que relê a cada dois meses.

Às vezes, é importante listar o que *não* fazer. A banda punk Wire nunca chegava a um acordo quanto ao que todos gostavam, mas concordavam quanto ao que *não* gostavam. Por isso, em 1977, fizeram uma lista de regras: "Nada de solos; nada de firulas; quando não houver mais letra, parar; nada de refrão repetido até o fim; nada de exibicionismo; tudo direto; nada de americanismo." A lista definiu o som da banda.

Quando preciso tomar decisões, faço listas de prós e contras. Em 1772, Benjamin Franklin explicou o seguinte ao amigo Joseph Priestly: "Com uma linha, divida meia folha de papel em duas colunas, uma das quais de Prós e a outra de Contras." Quando Charles Darwin tentou decidir se queria casar? Ele fez uma lista de prós e contras.

Quando estou empacado de manhã e não sei o que escrever no diário, modifico a lista de prós e contras. Divido a página com uma linha e uso uma coluna para listar pelo que sinto gratidão e a outra, com o que preciso de ajuda. É uma oração em papel.

"Listas são coleções com propósito", descreve o designer Adam Savage. Gosto de refletir no final do ano sobre o que fiz, então faço uma lista de "100 melhores" viagens, acontecimentos, livros, discos, filmes etc. Roubei este hábito do cartunista John Porcellino, que publica uma lista de "40 melhores" no zine *King-Cat*. (Ele também adora listas; faz listas compridas de ideias de histórias e ilustrações para o zine antes de escrevê-las e ilustrá-las de fato.) Cada lista é um diário organizado do ano. É reconfortante ler as dos anos anteriores, ver o que mudou e o que seguiu igual.

OBRIGADO POR:	ME AJUDE:

↖ UMA ORAÇÃO DE PAPEL

Quando preciso me manter espiritualmente alinhado, faço minha própria versão dos Dez Mandamentos. Uma lista do que devo ou não fazer. Pensando bem, este livro é uma lista dessas.

> "Listas são seu passado e futuro. Leve-as para todos os lados. Priorize: hoje, esta semana e um dia. Quando chegar a hora, você morrerá com itens na lista, mas por enquanto, em vida, a lista ajuda a priorizar o que pode ser feito no tempo limitado."
>
> *– Tom Sachs*

"Acabe todo dia com finalidade. Você fez o que pôde; sem dúvida alguns erros e absurdos se infiltraram; esqueça assim que puder. Amanhã é um novo dia; começará bem e sereno, com humor elevado demais para carregar o fardo da besteira antiga."

– *Ralph Waldo Emerson*

ACABE TODO DIA COM FINALIDADE.

Nem todo dia vai ser do jeito que queremos. Toda rotina e lista é aspiracional. "Mergulhamos em busca de pérolas", disse Jerry Garcia, "mas às vezes só achamos mexilhões."

O importante é chegar ao fim do dia de qualquer forma. Por pior que seja, aguente até o fim, para chegar ao amanhã. Depois de passar o dia com o filho de cinco anos, Nathaniel Hawthorne escreveu no diário: "Nos livramos do dia o melhor que pudemos." Às vezes precisamos nos livrar do dia o melhor que podemos.

Quando o sol se puser e você refletir sobre o dia, vá com calma. Um pouco de autoperdão vale muito. Antes de dormir, liste tudo que *conseguiu* fazer, além de uma lista do que quer fazer amanhã. Depois esqueça. Deite com a mente limpa. Deixe o subconsciente trabalhar enquanto dorme.

Um dia que hoje parece desperdiçado pode ter propósito, utilidade ou beleza no futuro. Quando o artista de videogame Peter Chan era mais jovem, amava desenhar, mas amassava os desenhos "ruins" por frustração. O pai dele o convenceu que, se alisasse os desenhos "ruins" em vez de amassá-los, teria mais espaço para eles na lixeira. Depois que o pai morreu, Chan encontrou uma pasta com a etiqueta "Peter" nos arquivos. Quando olhou o que continha, achou um monte de seus desenhos velhos e descartados. O pai entrava de fininho no quarto e salvava os desenhos que acreditava valerem a pena da lixeira.

Sobrevivemos ao dia?

sim,

a pergunta

chave
nos

dias sombrios

Todo dia é uma página em branco. Quando acabar de preenchê-la, pode guardá-la, amassá-la, ou deixá-la tranquila na lata de lixo. Só o tempo dirá o que valeu a pena.

> "Todo dia é um novo negócio. Continue a trabalhar e talvez alguma coisa vai pintar."
>
> – *Harvey Pekar*

② CONSTRUA

DE BEM-

UMA ESTAÇÃO AVENTURANÇA

DESCONECTE-SE DO MUNDO PARA SE CONECTAR CONSIGO.

> "É difícil encontrar o que dizer sobre a vida sem mergulhar no mundo, mas também é quase impossível descobrir o que será, ou como dizer, sem sair correndo de novo."
>
> *– Tim Kreider*

Criatividade depende de *conexão* – é preciso se conectar aos outros para se inspirar e compartilhar o trabalho –, mas também de *desconexão*. É preciso se afastar do mundo pelo tempo necessário para pensar, praticar arte e trazer ao mundo uma criação que merece ser compartilhada. É preciso brincar de esconde-esconde para produzir algo que mereça ser descoberto.

Silêncio e solidão são cruciais. Nosso mundo moderno, cheio de notificações, notícias 24h e contato constante, é quase completamente insalubre para o tipo de distância necessária para artistas se concentrarem profundamente no trabalho.

Em *O poder do mito*,[1] Joseph Campbell diz que todos precisam construir uma "estação de bem-aventurança":

> Você precisa de um quarto, uma determinada hora ou um certo dia em que não leu as notícias da manhã, não sabe quem são seus amigos, não sabe o que deve

---

[1] Ed. Palas Athenas, 1990, trad. Carlos Felipe Moisés.

> a quem quer que seja, nem o que lhe devem. É um
> lugar onde você simplesmente vivencia e traz à tona
> o que você é e o que pode ser. É o lugar da criação
> incubativa. No início, você pode achar que nada
> acontece. Mas se você tem um lugar sagrado e se
> serve dele, alguma coisa eventualmente acontecerá.

Repare que Campbell disse que é preciso um quarto *ou* uma determinada hora. A estação de bem-aventurança pode ser um *onde*, mas também um *quando*. Não só um *lugar* sagrado, como um *tempo* sagrado.

O pacote de luxo incluiria tanto um quarto quanto uma hora determinada para adentrá-lo, mas acredito que um compensa a falta do outro. Por exemplo, digamos que você more em um apartamento apertado com crianças pequenas. Não há *espaço* para a estação da bem-aventurança, só *tempo*. Quando as crianças estiverem dormindo, na escola ou na creche, até a mesa da cozinha pode se transformar na estação da bem-aventurança. Ou imagine que sua agenda

ESTAÇÃO DE BEM-AVENTURANÇA NA MINHA GARAGEM

~~SE PLUGUE~~	DESCONECTE
~~SE LIGUE~~	IGNORE
~~SE MANDE~~	CONTINUE

é completamente imprevisível e não é possível confiar em um determinado horário – é neste caso que um espaço específico disponível a qualquer hora tem sua utilidade.

O óbvio é que o mais saudável é manter um compromisso diário de se desconectar do mundo para se conectar consigo. Filhos, emprego, sono e mil outras coisas podem atrapalhar, mas é preciso encontrar um lugar sagrado, ou um tempo sagrado.

"Onde está a sua estação de bem-aventurança?", perguntou Campbell. "Você precisa se esforçar para encontrá-la."

> "A grande necessidade de nossa época é limpar a massa enorme de lixo mental e emocional que entulha nossa mente e transforma a vida política e social em uma doença disseminada. Sem essa faxina, não podemos começar a enxergar. Se não enxergamos, não podemos pensar."
>
> *- Thomas Merton*

DÁ PARA SE LIGAR SEM LIGAR O JORNAL DE MANHÃ.

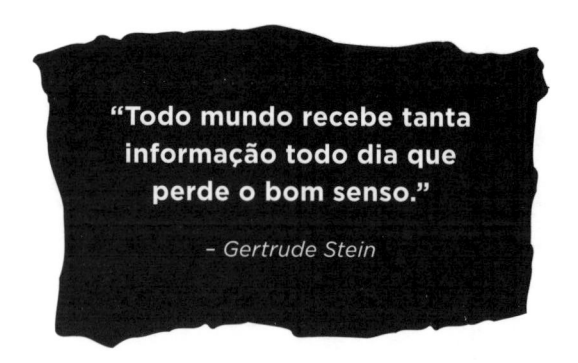

> "Todo mundo recebe tanta informação todo dia que perde o bom senso."
>
> – *Gertrude Stein*

Um amigo me disse que não sabia quanto tempo aguentaria acordar todo dia e se deparar com notícias tão horríveis. Eu sugeri que ele não se deparasse com *nenhuma* notícia ao acordar; nem ele, nem ninguém.

Ninguém precisa ler quase nada de notícia na primeira hora do dia. Ao pegar o celular ou o computador na hora de acordar, convidamos imediatamente a ansiedade e o caos a entrar na vida. Também nos despedimos de alguns dos momentos com maior potencial fértil da vida criativa.

Muitos artistas descobriram que trabalham melhor ao acordar, quando a mente está renovada e se encontram em estado quase onírico. O diretor Francis Ford Coppola diz que gosta de trabalhar de manhã cedo porque "ninguém acordou, nem me ligou, nem me ofendeu ainda". A forma mais fácil de eu me ofender é ligar o celular assim que acordo. Até nas raras ocasiões em que não me ofendo, perco tempo e embaralho meus pensamentos.

Claro que as notícias sabem embaralhar pensamentos independentemente da hora. Em 1852, Henry David Thoreau reclamou no diário que tinha começado a ler um jornal *semanal* e sentia que não estava mais prestando atenção suficiente à própria vida e ao próprio trabalho. "Desfrutar da riqueza do dia exige mais do que a devoção daquele dia", escreveu ele. "Ler sobre acontecimentos tão distantes e bombásticos nos trai ao nos convencer de que acontecimentos próximos e pequenos são supostamente insignificantes." Ele decidiu que sua atenção era valiosa demais e parou de ler o *Tribune* semanal. Uns 166 anos depois de Thoreau reclamar do jornal *semanal*, decidi que ler o jornal de domingo é uma concessão saudável: basicamente todas as notícias necessárias para que eu seja um cidadão informado.

Se você estiver usando o celular como despertador e isso estragar suas manhãs, tente o seguinte: antes de dormir, ligue o celular em uma tomada do outro lado do quarto,

LEONARDO DA VINCI ACORDAVA E LISTAVA O QUE QUERIA APRENDER NO DIA
EU ACORDO E LEIO NOTÍCIAS NO CELULAR

cubra o olho pra ouvir

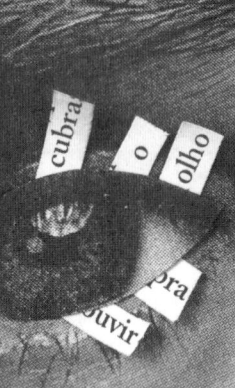

cubra o ouvido pra ver

ou longe do seu alcance. Ao acordar, tente ao máximo não olhar para ele.

Há tantas formas melhores de acordar: vá à estação da bem-aventurança, tome café da manhã, alongue-se, pratique exercício, caminhe, corra, ouça Mozart, tome banho, leia um livro, brinque com os filhos ou fique um pouco em silêncio. Mesmo que sejam só quinze minutos, se permita um tempo de manhã sem se horrorizar completamente com as notícias.

Não é enterrar a cabeça na terra. É manter um pouco de equilíbrio e sanidade interna para ter força para trabalhar.

Dá para se ligar sem ligar o jornal de manhã.

> "Olhe para o seu mundo interno, não para propagandas, idiotas e astros do cinema."
>
> – Dorothea Tanning

> "O celular nos deu muito, mas tirou três elementos-chave da descoberta: solidão, incerteza e tédio. Essas sempre foram as fontes das ideias criativas."
>
> – *Lynda Barry*

MODO AVIÃO PODE SER UM ESTILO DE VIDA.

No projeto *Seat Assignment*, a artista Nina Katchadourian usa viagens longas e desconectadas de avião para criar arte usando só o celular, o que levou na viagem e os materiais que descobre no avião. Ela joga uma pitada de sal em fotos das revistas para criar imagens assustadoras de fantasmas e espíritos. Ela dobra o casaco para criar rostos de gorila. Ela se veste de papel higiênico e protetor de assento no banheiro do avião e tira selfies imitando retratos de estilo flamengo.

Muitos de nós lutamos contra o vício em smartphone, mas Katchadourian entendeu como transformar o celular em uma máquina de arte. O melhor de tudo é que ninguém suspeita do que ela está fazendo. "Se pego uma câmera de verdade", diz ela, "é que nem gritar 'Estou fazendo arte!'" Com o celular, todo mundo supõe que ela seja só uma viajante entediada. *Seat Assignment* aconteceu em mais de *duzentos* voos desde 2010 e Katchadourian diz que, até agora, só *três* passageiros perguntaram o que ela estava fazendo.

Desde então, sempre que estou no avião, penso na arte que podia criar. Minha professora de escrita brincava que a primeira regra era "botar a bunda na cadeira". Como somos obrigados a desligar aparelhos eletrônicos ou deixá-los no modo avião, e estamos literalmente amarrados na cadeira, acho que aviões são um lugar incrível para trabalhar.

Por que não reproduzir a experiência em solo? Não é preciso estar num avião para usar o modo avião: com

ao ficar entediada

pra caramba

a artista

foi trabalhar

NUNCA PAGUE PELO WI-FI
NUNCA
LEIA UM LIVRO
ESCREVA UMA CARTA
JOGUE JOGOS
DESENHE UNS QUADRINHOS
OLHE PELA JANELA
QUESTIONE SUAS ESCOLHAS
PENSE NA MORTE
MAS NUNCA PAGUE PELO WI-FI
AMÉM

tampões de ouvido baratos e os aparelhos eletrônicos no modo avião, você pode transformar qualquer trajeto comum ou tempo restrito em uma oportunidade para se reconectar consigo e com o trabalho.

O modo avião não é só uma configuração de telefone: pode ser todo um estilo de vida.

> "Quase tudo volta a funcionar se ficar desligado por uns minutos... inclusive você."
>
> *- Anne Lamott*

> "Preciso recusar, por motivos secretos."
>
> – *E. B. White*

APRENDA A DIZER NÃO.

Para proteger seu lugar e tempo sagrados, é preciso aprender a recusar todo tipo de convite do mundo. É preciso aprender a dizer "não".

O escritor Oliver Sacks chegou a colar uma placa enorme de "NÃO!" em casa, ao lado do telefone, para lembrá-lo de preservar o tempo da escrita. O arquiteto Le Corbusier pintava de manhã no apartamento e praticava arquitetura à tarde no escritório. "Pintar todo dia pela manhã é o que me permite trabalhar lucidamente todo dia à tarde", dizia. Ele fez tudo que pôde para diferenciar as duas identidades, a ponto de assinar as pinturas com seu nome de batismo, Charles-Édouard Jeanneret. Certa vez, um jornalista bateu na porta do apartamento durante as horas de pintura e pediu para falar com Le Corbusier. Le Corbusier o olhou nos olhos e respondeu:

– Sinto muito, ele não está.

Dizer não é sua própria arte. O artista Jasper Johns respondia a convites com um carimbo personalizado que dizia "Lamento". O escritor Robert Heinlein, o crítico Edmund Wilson e os editores da revista *Raw* usavam respostas prontas com espaços para preencher. Hoje em dia, costumamos receber convites por e-mail, então ajuda ter um modelo de "não, obrigado" à mão. No texto "How to Graciously Say No to Anyone" ["Como dizer 'não' educadamente para qualquer um"], Alexandra Franzen sugere a seguinte estrutura: agradecer o remetente pela consideração, recusar e, se possível, oferecer outro tipo de apoio.

CARO _____,

MUITO OBRIGADO POR PENSAR EM MIM.

INFELIZMENTE, PRECISO RECUSAR.

   COM AMOR,

_____

Diga Não

pra

todo

mundo

que

não

eu

As redes sociais criaram um fenômeno humano curioso chamado FOMO: *Fear Of Missing Out*, ou o medo de perder alguma coisa interessante ou divertida. É a sensação de que todo mundo no seu feed está se divertindo muito mais do que você. O único antídoto é a alegria de perder uma diversão. Como explicado pelo escritor Anil Dash: "Podemos, e *devemos*, sentir um prazer sereno e satisfeito em saber, e comemorar, que tem gente por aí se divertindo horrores fazendo alguma coisa que você adoraria, mas simplesmente não foi fazer."

Dizer "não" para o mundo pode ser muito difícil, mas às vezes é a única forma de dizer "sim" para a arte e a sanidade.

> "Eu pinto de costas para o mundo."
>
> – Agnes Martin

③ ESQUEÇA O

FAÇA O

SUBSTANTIVO, VERBO.

"CRIATIVO" NÃO É SUBSTANTIVO.

> "Você precisa fazer alguma coisa antes de ser conhecido por fazer alguma coisa. O título de artista, arquiteto ou músico precisa ser conquistado de alguma forma."
>
> – *Dave Hickey*

Muita gente quer ser o substantivo sem fazer o verbo. Querem o título sem o trabalho.

Abandone o que está tentando ser (o substantivo) e se concentre no trabalho que de fato precisa fazer (o verbo). Fazer o verbo leva mais longe, a um lugar muito mais interessante.

Se você escolher errado o substantivo ao qual aspirar, também ficará preso ao verbo errado. Quando usam o termo "criativo" como cargo, não só criam uma divisão falsa do mundo entre "criativos" e "não criativos", mas também implicam que o trabalho de um "criativo" é "ser criativo". Só que ser criativo nunca é o fim; é sempre o *meio* para outra coisa. Criatividade é só uma ferramenta. Criatividade pode ser usada para organizar a sala, pintar uma obra-prima ou projetar uma arma de destruição em massa. Se sua ambição é apenas ser "criativo", é possível gastar seu tempo apenas provando que é um: usando óculos de grife, digitando no

Macbook Pro e postando fotos do estúdio ensolarado no Instagram.

Nomes de cargos podem causar um estrago. Nomes de cargos, se são levados muito a sério, nos levam a sentir que precisamos trabalhar de forma adequada ao cargo, não ao trabalho de fato. Nomes de cargos também podem restringir o tipo de trabalho que nos sentimos capazes de fazer. O que acontece se alguém que só se considera "pintor" quiser tentar escrever? O que acontece se alguém que só se considera "cineasta" quiser tentar esculpir?

Se você esperar que alguém lhe ofereça um cargo antes de fazer o trabalho, é possível que nunca faça trabalho nenhum. Não podemos esperar que alguém nos chame de artista antes de criar arte. Assim, ninguém nunca criará.

Se e quando você finalmente chegar ao substantivo – quando receber um cargo prestigioso de outras pessoas –, não pare de fazer o trabalho.

Nomes de cargos não são para você, são para os outros. Deixe que os outros se preocupem. Queime os cartões de visita, se necessário.

Esqueça completamente os substantivos. Faça os verbos.

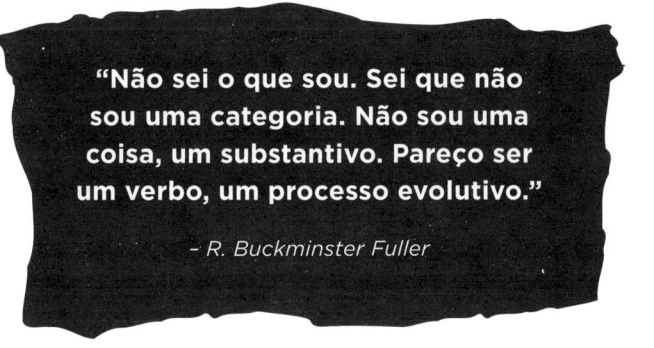

> "Não sei o que sou. Sei que não sou uma categoria. Não sou uma coisa, um substantivo. Pareço ser um verbo, um processo evolutivo."
>
> – R. Buckminster Fuller

O VERDADEIRO TRABALHO É BRINCAR.

Todas as crianças aprendem sobre o mundo brincando. Usamos o termo "brincadeira de criança" para falar de coisas fáceis, mas, se prestarmos atenção em como crianças brincam, vemos que não é *nada* fácil. "Brincar é o trabalho da criança", como disse Maria Montessori. Quando meus filhos brincam, estão profundamente investidos no trabalho. Eles direcionam o olhar como feixes de raio laser; franzem a cara toda de tanta concentração; quando não encontram os materiais necessários para o que querem fazer, dão ataques monumentais.

A melhor brincadeira, entretanto, é feita com uma espécie de *leveza* e *desapego* ao resultado. Quando meu filho Jules tinha dois anos, passei muito tempo o observando desenhar. Notei que ele não dava a mínima para o desenho (o substantivo) – toda a energia era concentrada em desenhar (o verbo). Quando ele acabava, eu podia apagar, jogar fora ou pendurar na parede. Ele realmente não se importava. Também era agnóstico quanto ao meio: ficava igualmente feliz desenhando de lápis de cera no papel, canetinha no quadro, giz na calçada ou, em um meio que testou o encorajamento dos pais, giz nas almofadas do sofá do quintal. (Os desenhos ficaram tão bonitos que eu e minha esposa decidimos bordá-los. De novo, ele ficou completamente indiferente.)

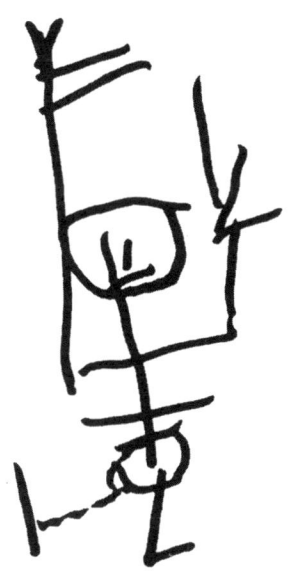

Brincar é o trabalho da criança e também do artista. Um dia, passeando no bairro Mission, em São Francisco, parei para conversar com um artista de rua. Quando eu o agradeci pelo tempo e me desculpei por interromper o trabalho, ele respondeu:

– Não parece trabalho para mim. É mais uma brincadeira.

Os grandes artistas são capazes de reter este prazer da brincadeira durante a carreira. A arte e o artista sofrem muito quando o artista fica *pesado demais*, concentrado demais nos resultados.

Há truques para se manter leve e voltar ao estado lúdico infantil. O autor Kurt Vonnegut escreveu uma carta para um grupo de alunos de ensino médio, aos quais passou a seguinte tarefa: Escreva um poema e não mostre para ninguém. Rasgue em pedacinhos e jogue no lixo. "Você irá notar que já foi gloriosamente recompensado pelo poema. Vivenciou a transformação, aprendeu muito mais sobre

Parece Até

trabalho.

mas eu penso

nisso

tudo

como

brincadeira

como a gente faz

nós trabalhamos muito

brincadeira

o que tem dentro de si e fez sua alma crescer." Isso, disse Vonnegut, era o propósito de criar arte: "Praticar uma arte, por melhor ou pior que seja, é uma forma de fazer crescer a alma, pelos céus." Vonnegut repetiu variações do mesmo conselho ao longo da vida. Ele sugeriu à filha Nanette que criasse uma obra de arte e a queimasse "como exercício espiritual". (Há algo de catártico em queimar o próprio trabalho: o artista John Baldessari, enojado de suas criações anteriores, cremou tudo e pôs as cinzas em uma urna funerária.)

Se tiver perdido sua capacidade de brincar, *pratique em nome da própria*

prática. Não precisa partir para atos tão drásticos quanto a combustão. Músicos podem tocar sem gravar. Escritores e artistas podem digitar ou desenhar em uma página que depois jogam fora. Fotógrafos podem tirar fotos e apagá-las imediatamente.

Nada dá mais graça à brincadeira do que brinquedos novos. Procure ferramentas e materiais desconhecidos. Encontre novas coisas nas quais mexer.

Outro truque: quando nada mais tiver graça, tente fazer a *pior* coisa que pode. O desenho mais feio. O poema mais tosco. A música mais irritante. Criar arte intencionalmente ruim é muito divertido.

Finalmente, tente brincar com crianças. Brinque de pique-esconde. Pinte com os dedos. Construa uma torre de blocos e a derrube. Roube o que funcionar. Quando o escritor Lawrence Weschler precisa entender a estrutura de um de seus textos, ele brinca com seu próprio conjunto de peças de madeira. "Minha filha não pode brincar com essas peças", diz ele. "São só minhas."

Não se prenda. Seja leve. Brinque.

> "É preciso treinar para ser idiota, burro, inconsequente, vazio. Assim conseguirá FAZER... Tente fazer um trabalho RUIM, o pior que conseguir pensar, e veja o que acontece, mas principalmente relaxe e mande tudo para o inferno... você não é responsável pelo mundo, só é responsável pelo seu próprio trabalho, então FAÇA-O."
>
> – *Sol LeWitt para Eva Hesse*

④ FAÇA

PRESENTES.

> "Deus sai da sala quando pensamos em dinheiro."
>
> – *Quincy Jones*

PROTEJA SEUS BENS.

Tem um fenômeno cultural contemporâneo que me enlouquece.

Você tem um amigo que tricota lindos cachecóis. Tricô é o que ele faz para relaxar e passar o tempo nas longas viagens de trem.

Você tem outra amiga que ama assar bolos. Ela assa bolos à noite e no fim de semana, para descansar depois do trabalho estressante na firma.

Vocês três vão a uma festa de aniversário. O amigo tricoteiro dá um cachecol que fez à aniversariante.
É absurdamente lindo.

Qual é a reação padrão hoje em dia?

"Dava para vender isso na internet!"

Depois da aniversariante abrir os presentes, a amiga confeiteira serve o bolo. Todo mundo geme de prazer.

O que dizem?

"Você devia abrir uma confeitaria!"

Somos treinados a elogiar nossos amigos com termos de mercado. No minuto em que alguém mostra talento para qualquer coisa, sugerimos que se torne uma profissão. É nosso melhor elogio: dizer a alguém que é tão bom no que ama fazer que poderia ganhar dinheiro com isso.

Antes, tínhamos hobbies; agora temos "bicos". Conforme a economia piora, as redes de segurança se rompem e os trabalhos estáveis desaparecem, as atividades de tempo livre que nos acalmavam e distraíam do trabalho e davam mais sentido à vida agora nos são apresentadas como fontes

COMO SOBREVIVER

① ENCONTRE ALGO QUE TE SUSTENTE ESPIRITUALMENTE

② TRANSFORME ISSO EM UM TRABALHO QUE TE SUSTENTE LITERALMENTE

③ OPA! VOLTE À PRIMEIRA ETAPA

depois que começou

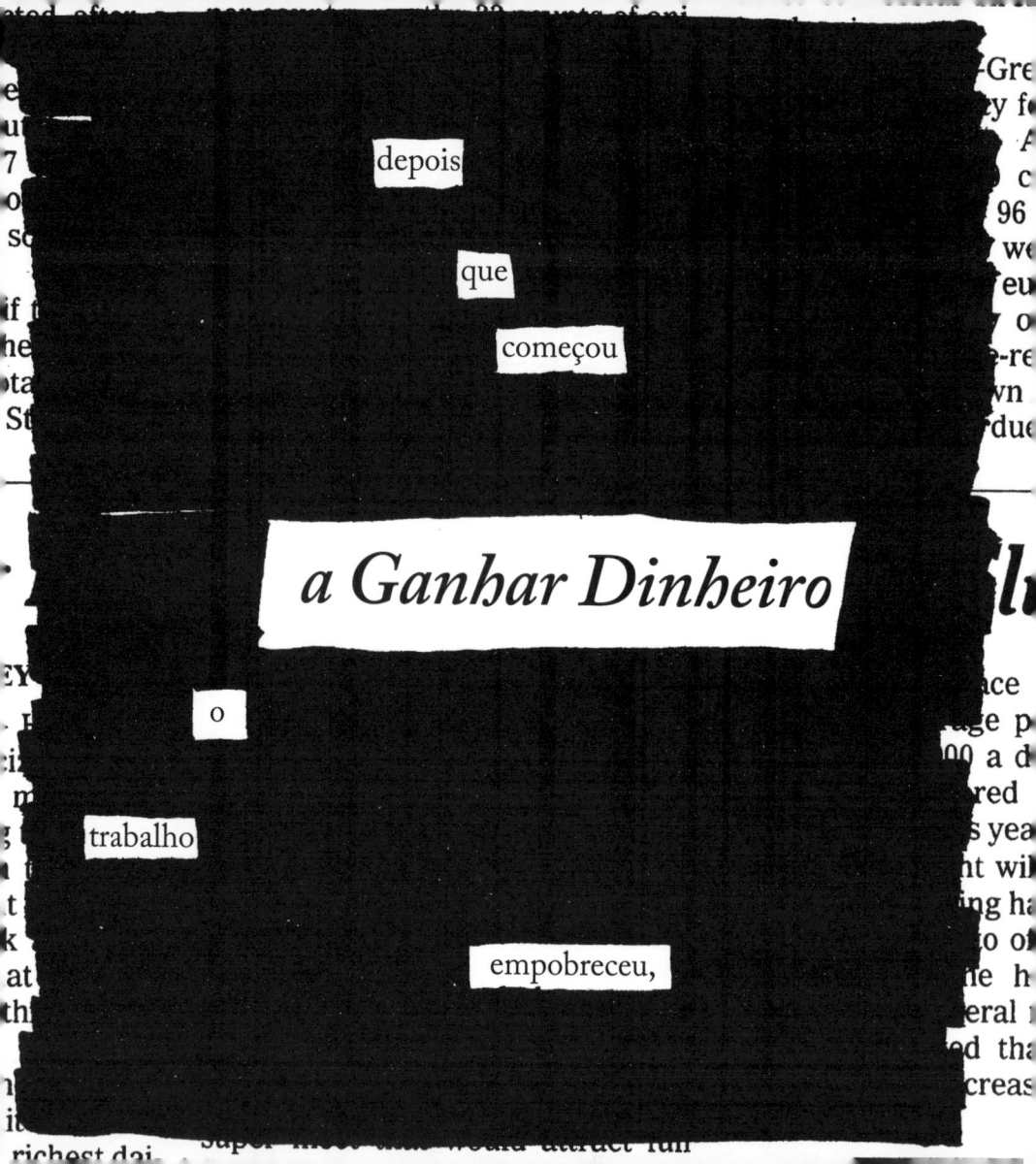

a Ganhar Dinheiro

o trabalho empobreceu,

de renda em potencial, ou alternativas para um emprego tradicional.

Eu sou incrivelmente sortudo. Vivo meu sonho, de certa forma, porque sou pago para fazer o que provavelmente faria de graça. No entanto, as coisas podem ficar muito, muito complicadas quando transformamos o que amamos naquilo que mantém nossa família alimentada. Todo mundo que transformou uma paixão em sustento sabe que o território é perigoso. Uma das formas mais fáceis de odiar o que amamos é transformá-lo em trabalho: pegar o que nos sustenta espiritualmente e transformar no que nos sustenta *literalmente*.

É preciso se atentar ao impacto que monetizar suas paixões pode ter na vida. Você pode acabar concluindo que é melhor ter um emprego fixo.

Quando começar a viver da sua criação, resista ao impulso de monetizar cada pedacinho da prática criativa. Garanta que pelo menos uma partezinha sua fique a salvo do mercado. Um pedacinho que é só seu.

A economia está sempre em crise para artistas e autônomos, então defina o tipo de estilo de vida que deseja, faça um orçamento de gastos e delimite o que você se dispõe, ou não, a fazer por dinheiro.

Lembre-se: se quiser o máximo de liberdade artística, mantenha gastos mínimos. Uma vida criativa livre não depende de viver *com* o que ganha, mas de viver *abaixo* do que ganha.

"Faça o que ama!", gritam os coaches motivacionais. Só acho que todo mundo que encoraja que as pessoas trabalhem com o que amam a qualquer custo também precisa dar aulas de gestão financeira.

"Faça o que ama" + gastos baixos = uma vida boa.

"Faça o que ama" + "Mereço do bom e do melhor" = uma bomba prestes a explodir.

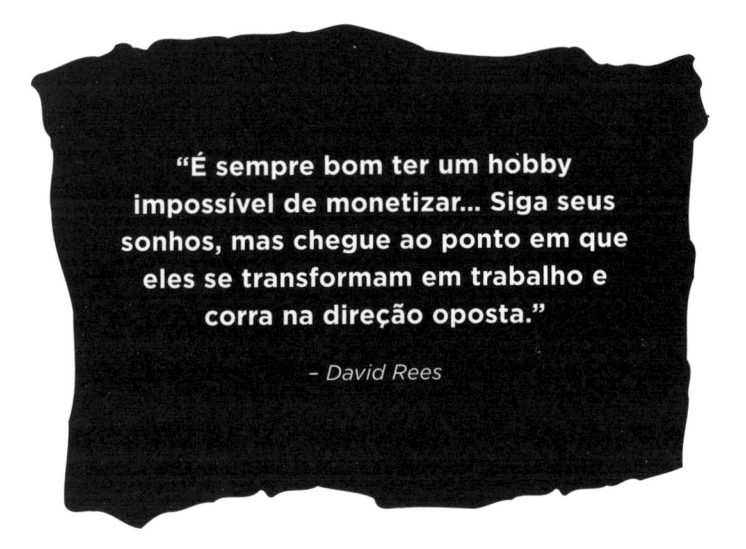

> "É sempre bom ter um hobby impossível de monetizar... Siga seus sonhos, mas chegue ao ponto em que eles se transformam em trabalho e corra na direção oposta."
>
> *– David Rees*

> "Nem tudo que se conta, conta,
> e nem tudo que conta, se conta."
>
> – *William Bruce Cameron*

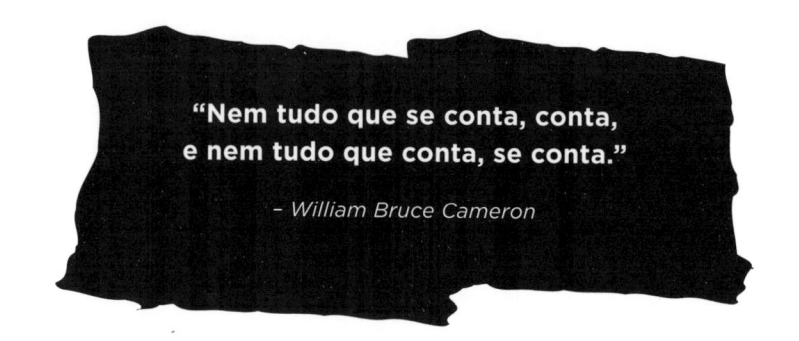

IGNORE OS NÚMEROS.

Dinheiro não é a única medida que pode corromper a prática criativa. Digitalizar o trabalho e compartilhá-lo na internet significa sujeitá-lo ao mundo da métrica online: visitas, curtidas, favoritos, compartilhamentos, tuítes, blogs, seguidores, muito mais.

É fácil se vidrar tanto na métrica online quanto no dinheiro. É tentador usar esses dados para decidir no que trabalhar, sem considerar a superficialidade da métrica em si. A classificação da Amazon não diz se alguém leu seu livro duas vezes e amou tanto que emprestou para os amigos. Curtidas do Instagram não dizem se alguém pensou numa

AFAZERES:

- DEIXAR DINHEIRO NA MESA

- ESQUECER DE IMPULSIONAR AS COISAS

- DEIXAR A FRUTA FÁCIL CAIR E APODRECER

imagem pelo mês todo. Contagens de visualização não são iguais aos seres humanos que aparecem para dançar numa apresentação ao vivo.

O que cliques representam, na visão geral das coisas? Cliques, no curto prazo, só indicam que tudo agora é feito para otimizar a atenção rápida e imediata. É o prazer corriqueiro.

Faz muito tempo que notei que há pouquíssima relação entre o que amo fazer e compartilhar e a quantidade de curtidas, marcações e compartilhamentos que recebo. É comum postar uma arte que amei fazer e levou uma eternidade para ser feita e só ouvir o vento. Depois posto uma besteirinha que não me custou nada e acaba viralizando. Se eu deixasse esses dados mandarem na minha prática pessoal, meu coração não aguentaria muito.

Se você compartilha seu trabalho na internet, tente ignorar os números, pelo menos de vez em quando. Aumente o intervalo entre compartilhar e ver o retorno. Compartilhe e fique uma semana sem ver as respostas. Desligue os dados analíticos do blog e escreva sobre o que quiser. Baixe um plug-in que apaga os números das redes sociais.

Quando ignorar medidas quantitativas por um tempo, pode voltar às medidas *qualitativas*. É bom? Bom *mesmo*? *Você* gosta? Também pode se concentrar no que o trabalho faz de *imensurável*. O que faz com a alma.

> "Nenhum artista pode trabalhar simplesmente pelo resultado; ele também precisa *gostar* do trabalho de chegar até lá."
>
> – Robert Farrar Capon

"Não faça nada porque quer ganhar dinheiro — nunca dará dinheiro suficiente. Não faça nada porque quer ficar famoso — nunca será famoso o suficiente. Faça presentes para os outros — e se esforce para fazer esses presentes na esperança de que reparem e gostem deles."

- John Green

ONDE NÃO HÁ DOM, NÃO HÁ ARTE.

Você sabe o que é o sucesso, ou pelo menos tem uma definição própria. (A minha é a seguinte: quando meus dias funcionam do jeito que quero.)

"Sacocesso", por outro lado, é o sucesso medido por outra pessoa. Ou o sucesso desmerecido. Ou quando o que você acha um saco faz sucesso. Ou quando o sucesso ou a busca por ele vira um saco em si.

"Sacocesso" é ao que o poeta Jean Cocteau se referia quando disse que há sucessos piores que o fracasso.

No livro *A dádiva: como o espírito criativo transforma o mundo*, Lewis Hyde[1] argumenta que a arte existe tanto na economia de doação quanto na de mercado, mas que "onde não há dádiva, não há arte". Quando nossa arte é dominada por considerações mercadológicas – o que clica, o que vende –, ela pode perder rapidamente o elemento de dádiva que a faz ser arte.

Todos passam por ciclos de desencanto e reencanto com o trabalho. Quando sentimos que perdemos ou estamos perdendo o dom, o jeito mais fácil de se recuperar é sair do mercado e *se doar*.

Não há nada tão puro quanto criar algo especificamente para alguém especial. Quando meu filho Owen tinha cinco

---

1 Ed. Civilização Brasileira, 2010.

anos, ele era obcecado por robôs, então sempre que eu começava a me odiar e odiar meu trabalho, separava meia hora para fazer uma colagem de robô usando revistas e fita adesiva. Quando eu lhe dava o robô, ele frequentemente fazia também um robô para *mim*. Passamos um tempo nessa troca, até, como é comum com crianças, ele largar os robôs e se obcecar por outra coisa. Aqueles robôs ainda estão entre minhas criações preferidas.

Experimente: se estiver de saco cheio, detestando o trabalho, escolha uma pessoa especial na vida e crie algo para ela. Se tiver um público grande, faça algo especial para doar para eles. Ou melhor ainda: doe seu tempo para ensinar alguém a fazer o que você faz. Veja como se sente. Veja se vai a um lugar melhor.

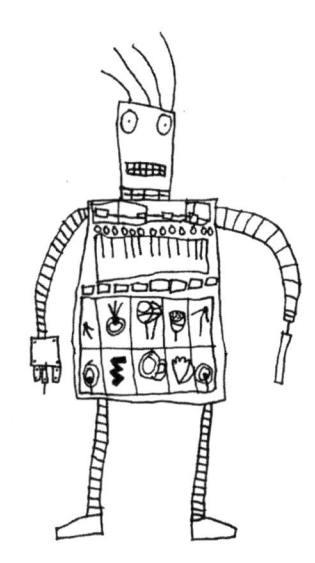

QUEM VOCÊ ESTÁ TENTANDO IMPRESSIONAR?

SE UM DIA TIVER SORTE E UM PÚBLICO GRANDE APARECER PARA VER O QUE FAZ, PROVAVELMENTE SÓ UMAS POUCAS PESSOAS TERÃO OPINIÕES SIGNIFICATIVAS PARA VOCÊ, ENTÃO É MELHOR IDENTIFICAR QUEM SÃO <u>AGORA</u>, FAZER PRESENTES PARA ELAS E <u>CONTINUAR</u> A FAZÊ-LOS...

Nunca se sabe quando um presente para uma pessoa se transformará em um presente para o mundo inteiro. Considere quantos livros de sucesso começaram como histórias de ninar para crianças específicas. A. A. Milne criou o Ursinho Pooh para o filho, Christopher Robin Milne. A filha adoentada de Astrid Lindgren, Karin, pediu que ela contasse a história de uma menina chamada Pippi Meialonga. C. S. Lewis convenceu J. R. R. Tolkien a transformar as histórias fantásticas que contava aos filhos no livro *O Hobbit*. A lista é enorme.

Doar nos conecta com nosso dom.

> "O que me interessa mesmo é atingir uma pessoa."
>
> *- Jorge Luis Borges*

⑤ ORDI + ATEN = EXTRA

NÁRIO
ÇÃO EXTRA

ORDINÁRIO

VOCÊ TEM TUDO DE QUE PRECISA.

> "É verdade hoje como sempre foi: aquele que busca beleza a encontrará."
>
> – *Bill Cunningham*

Uma das minhas heroínas artísticas foi freira.

Nos anos 1960, a Irmã Mary Corita Kent era professora de arte na faculdade Immaculate Heart, em Los Angeles. Inspirada por uma exposição de Andy Warhol, ela começou a praticar serigrafia. Ela pegava imagens de propagandas e placas pela cidade – aquelas coisas que consideramos lixo, tralha, poluição visual – e as transformava ao tirá-las de contexto, acrescentar letras de música pop e versículos bíblicos e imprimir em serigrafia como mensagens religiosas. Ela transformou um saco de pão de forma em uma mensagem sobre comunhão. Ela roubou o slogan da General Mills e o modificou para se referir a Deus. Ela recortou o logo da Safeway para criar uma placa do caminho da salvação. Encontrar Deus em todas as coisas é uma das tarefas do fiel, e Kent encontrou Deus na *publicidade*. Kent pegou a paisagem fabricada de Los Angeles, que não é necessariamente a primeira fonte de beleza que procuramos, e encontrou a beleza ali.

Kent dizia que tornava "incomuns" as coisas comuns. (Ela preferia o termo "incomum" a "arte".) "Não penso nisso como arte", dizia. "Só aumento o que gosto." Ela tinha uma forma particular de ver o mundo ordinário e ensinou seus alunos a ver da mesma forma. Em um dos trabalhos, pediu para alunos criarem um "visor": um papel com um retângulo recortado, imitando o visor de uma câmera. Ela levava os alunos em passeios para ensiná-los a recortar o mundo, a "ver só por ver" e a descobrir tudo que nunca tinham se dado o trabalho de notar.

Artistas realmente incríveis são capazes de encontrar magia no mundano. A maioria dos meus artistas preferidos criou arte extraordinária a partir de circunstâncias e materiais ordinários. Harvey Pekar passou a maior parte da vida profissional como secretário num hospital em Cleveland, colecionando histórias e rabiscando roteiros com bonecos de palito, que um dia se tornariam os quadrinhos de sua obra-prima, *American Splendor*. Emily Dickinson escreveu

telescópios veem a luz do universo, usando o truque chamado de Vidro, é o nosso trabalho saber onde olhar

seus poemas eternizados no quarto, em restos de envelopes. A artista dadaísta Hannah Höch usava os moldes de costura do emprego regular para fazer colagens. Sally Mann tirava fotos lindas dos três filhos na fazenda da Virgínia. (Seu amigo, o pintor Cy Twombly, via o mundo passar pelo supermercado de Lexington para se inspirar.)

É fácil supor que, com a simples troca de uma vida comum por outra, todos os problemas criativos desapareceriam. Se fosse possível largar o emprego, se mudar para uma cidade moderna, alugar o estúdio perfeito e encontrar um grupo ideal de desajustados geniais! Aí, sim, daria tudo certo.

Tudo isso, claro, é só fantasia. Não é preciso ter uma vida extraordinária para criar trabalhos extraordinários. Tudo que precisamos para uma arte extraordinária pode ser encontrado na vida diária.

René Magritte disse que seu objetivo artístico era "soprar vida nova na forma como vemos o mundo ordinário ao nosso redor". É exatamente o que artistas fazem: ao prestar mais atenção em seu mundo, eles nos ensinam a prestar mais atenção ao nosso. O primeiro passo para transformar a vida em arte é prestar mais atenção nela.

> "Sempre foi minha filosofia tentar criar arte a partir do comum e do ordinário... nunca me ocorreu sair de casa para criar arte."
>
> – Sally Mann

DESACELERE E SE ARRASTE.

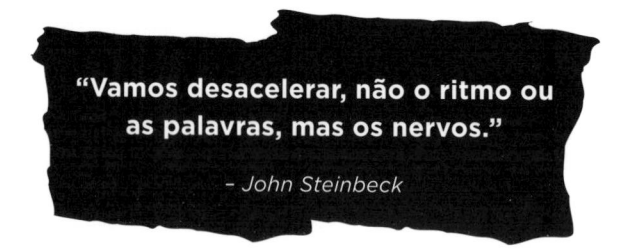

> "Vamos desacelerar, não o ritmo ou as palavras, mas os nervos."
>
> – John Steinbeck

É impossível prestar atenção à própria vida se estamos nos jogando à velocidade da luz. Quando nosso trabalho é ver o que outros não veem, é preciso desacelerar o suficiente para *olhar* de fato.

Em uma época obcecada por velocidade, desacelerar requer treinamento especial. Depois que o crítico de arte Peter Clothier se envolveu com meditação, ele notou o quão pouco *olhava de fato* para a arte: "Eu vivia passando mais tempo com a etiqueta na parede do museu do que com a pintura que eu deveria olhar!" Inspirado pelos movimentos de *slow food* e *slow cooking*, ele começou a organizar sessões de "Uma Hora/Uma Pintura" em galerias e museus, nas quais convidava participantes a olhar para uma pintura por uma hora. O processo do olhar lento fez sucesso e agora vários museus organizam esse tipo de evento. A filosofia é resumida no site Slow Art Day: "Quando olhamos devagar… descobrimos coisas novas."

O olhar lento é ótimo, mas eu sempre preciso ocupar minhas mãos, então desenhar é meu método preferido para me obrigar a desacelerar e olhar bem pra minha vida. Humanos desenham há milhares de anos – é uma prática antiga que pode ser feita com ferramentas baratas e disponíveis para todos. Não é preciso ser artista para desenhar. Só é preciso um ou dois olhos.

"Desenhar é simplesmente outra forma de ver, coisa que não fazemos bem na vida adulta", diz o quadrinista Chris Ware. Vivemos mergulhados em uma "nuvem de memória e ansiedade", diz ele, e o ato de desenhar nos ajuda a viver o momento atual e nos concentrar no que está à nossa frente.

Porque desenhar é um exercício do olhar, é possível aproveitar mesmo se você desenha muito mal. Em seu blog, em um post sobre praticar o hábito do desenho quando mais velho, o crítico de cinema Roger Ebert escreveu: "Quando sentava em algum lugar e desenhava alguma coisa, eu me obrigava a olhar bem para aquilo." Ele disse que os

Painel 1: ESTOU NUMA MISSÃO DE FAZER CONTATO DIÁRIO COM MEU ESPÍRITO E PRESTAR ATENÇÃO PROFUNDA À VIDA COTIDIANA.

Painel 2: QUE INSPIRADOR.

Painel 4: QUE MARCA DE CANETA E CADERNO VOCÊ USA?

OLHE PARA CIMA.

desenhos eram "uma forma de experimentar um lugar ou um momento com mais profundidade".

Desenhar não só melhora o olhar, como melhora o *humor*. "Artistas sempre parecem felizes com cadernos de rascunho", observou Ebert. "É sublime", disse o autor Maurice Sendak. "É uma hora mágica, quando toda a fraqueza de caráter, as falhas de personalidade, tudo que nos atormenta some, não importa em nada."

A câmera do celular é uma ferramenta maravilhosa para capturar imagens quando estamos aí pelo mundo, mas desenhar ainda nos oferece uma perspectiva única. Na década de 1960, o fotógrafo Henri Cartier-Bresson, lendário por capturar a vida em filme no que ele chamava de "Instante Decisivo", voltou a seu primeiro amor: desenhar. Ele escreveu sobre as diferenças entre os dois amores no livro *The Mind's Eye*: "Fotografia é reação imediata, desenho é meditação." Em 2018, o British Museum começou a oferecer lápis e papel a visitantes, notando um aumento do público interessado em desenhar a arte. Um dos curadores comentou: "Parece que se demora muito mais em um objeto com papel e lápis na mão."

Para desacelerar e prestar atenção ao mundo, pegue um lápis e um papel para desenhar o que vê. (O melhor do lápis é que ele não pode te interromper com mensagens e notificações.) Você irá notar que nos ajuda a descobrir a beleza que perdemos.

"Ao desenhar, o mundo se torna mais bonito, muito mais bonito", disse o quadrinista E. O. Plauen.

> "Desenhar é a disciplina por meio da qual redescubro constantemente o mundo. Aprendi que o que não desenhei, nunca vi de fato, e que quando começo a desenhar alguma coisa ordinária, noto o quão extraordinária ela é, puro milagre."
>
> – *Frederick Franck*

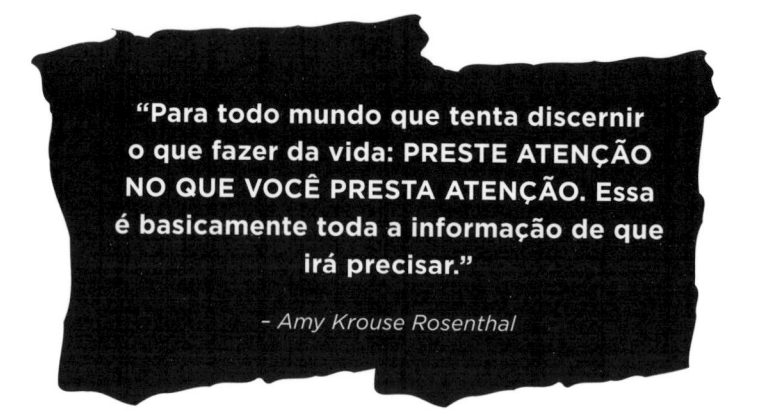

PRESTE ATENÇÃO NO QUE VOCÊ PRESTA ATENÇÃO.

> "Para todo mundo que tenta discernir o que fazer da vida: PRESTE ATENÇÃO NO QUE VOCÊ PRESTA ATENÇÃO. Essa é basicamente toda a informação de que irá precisar."
>
> – Amy Krouse Rosenthal

Atenção é uma das coisas mais valiosas que possuímos, por isso todo mundo quer roubá-la. É preciso protegê-la primeiro, para depois apontá-la na direção certa.

Como dizem nos filmes: "Cuidado com para onde aponta isso aí!"

O que escolher para prestar atenção é o que forrará a vida e o trabalho. "Minha experiência é o que eu concordo em cuidar", escreveu o psicólogo William James em 1890. "Apenas os itens que *noto* formam minha mente."

Prestamos atenção às coisas com as quais nos importamos, mas às vezes o que importa se esconde de nós. Mantenho um diário por muitos motivos, mas o principal é que me ajuda a prestar atenção à minha vida. Ao me sentar para escrever sobre a vida todo dia de manhã, presto atenção a ela e, com o tempo, tenho um registro do que chamou minha atenção. Muitos diaristas não releem os diários, mas eu aprendi que reler redobra o poder de um diário, pois assim posso descobrir meus próprios padrões, identificar o que importa para mim e me conhecer melhor.

Se a arte começa com aonde apontamos a atenção, a vida é composta de prestar atenção ao que prestamos atenção. Marque um horário regular para prestar atenção ao que prestou atenção. Releia seu diário. Reveja seu caderno de desenho. (A quadrinista Kate Beaton disse que, se escrevesse um livro sobre desenho, o chamaria de *Preste atenção ao seu desenho*.) Olhe para a pasta de fotos no celular. Assista a vídeos que filmou. Ouça a música que gravou. (O músico Arthur Russell caminhava longamente

> "Prestar atenção é nosso trabalho verdadeiro e infinito."
>
> – Mary Oliver

A Pessoa

Que não perdeu isso

é

quem

eu

quero ser

por Manhattan para ouvir as próprias fitas no Walkman.) Quando tiver um sistema para revisitar seu trabalho, você poderá ver melhor a imagem completa do que tem feito e do que deve fazer em seguida.

Se quiser mudar a própria vida, mude as coisas nas quais presta atenção. "Damos significado às coisas ao prestar atenção nelas, então mudar a atenção de uma coisa para outra pode mudar completamente o futuro", escreveu Jessa Crispin.

"Atenção é a forma mais básica de amor", escreveu John Tarrant. Prestar atenção na vida não só fornece material para a arte, como ajuda a se apaixonar pela vida.

> "Diga-me para o que tu dás tua atenção, e eu te direi quem és."
>
> *– José Ortega y Gassett*

6 MATE MONSTROS

OS ARTÍSTICOS.

ARTE É PARA A VIDA (E NÃO O CONTRÁRIO).

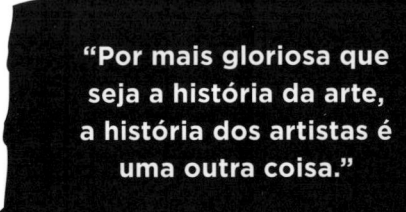

> "Por mais gloriosa que seja a história da arte, a história dos artistas é uma outra coisa."
>
> – Ben Shahn

Minha candidata a uma das frases mais idiotas já ditas sobre arte foi feita pelo comentarista Andy Rooney, no programa de TV *60 Minutes*, sobre o líder do Nirvana, Kurt Cobain, após seu suicídio: "Nenhuma arte é melhor do que a pessoa que a criou."

Dê um pulinho em qualquer um dos milhares de anos de história da arte para ver que, não, na verdade, muitas obras de arte incríveis foram feitas por babacas, bizarros, escrotos, vampiros, pervertidos e que, pior, deixaram rastros de vítimas em seu desabrochar. Para roubar um termo cunhado por Jenny Offill em *Dept. of Speculation*, essas pessoas são aquelas que chamamos de "Monstros Artísticos".

Pode ser difícil e até dolorido encarar a ideia de que pessoas que consideramos repreensíveis na vida pessoal também podem ser capazes de produzir trabalhos lindos, tocantes ou úteis. Como vemos e processamos essa informação e como escolhemos seguir em frente é parte do trabalho.

Agora, todos temos nossos próprios Monstrinhos Artísticos aqui dentro. Somos todos complicados. Todos temos falhas.

Todos somos meio bizarros, até certo ponto. Se não acreditamos que podemos ser um pouquinho melhores na arte do que na vida, qual seria, no fim, o objetivo da arte?

O que é impressionante agora, acho, é que nossa cultura está enfrentando os Monstros Artísticos. O mito horrível de que ser um pai ausente, traidor, abusivo e viciado é algum pré-requisito ou de certa forma algo desculpável quando se faz um bom trabalho está sendo destruído aos poucos. Se criar arte importante já liberou alguém de suas falhas monstruosas como pessoa, acho que essa época está acabando. Que bom. Monstros Artísticos não são necessários nem glamorosos e não devem ser aceitos, perdoados ou imitados.

Grandes artistas ajudam as pessoas a olhar para a vida com novos olhos e abertura para possibilidades. "O propósito de ser um escritor sério é afastar as pessoas do desespero", escreve Sarah Manguso. "Se alguém ler seu trabalho e, como resultado, escolher viver, então sua missão está cumprida."

POSSIBILIDADES

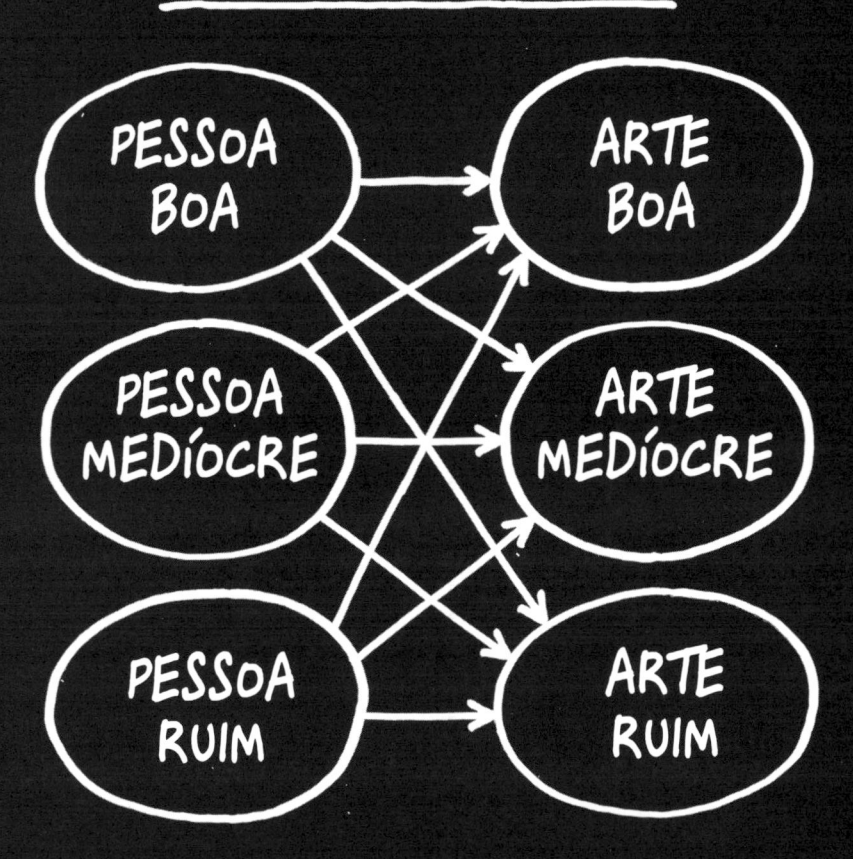

```
PESSOA BOA ──────────→ ARTE BOA
         ╲         ╱↗
          ╲       ╱
PESSOA MEDÍOCRE ─────→ ARTE MEDÍOCRE
          ╱       ╲
         ╱         ╲↘
PESSOA RUIM ─────────→ ARTE RUIM
```

Resumindo: a arte deve tornar nossa vida melhor.

Isso é verdade no que diz respeito à *criação* da arte e também à arte em si. Se criar sua arte estragar a vida de alguém, incluindo a sua própria, ela não vale a pena.

"Será sempre uma tentação para pessoas que sofrem acreditar que se tornar artista seria uma solução, sendo que, na verdade, pode ser um problema maior", diz o escritor e psicólogo Adam Phillips. "Há várias pessoas que podemos considerar vítimas do mito artístico. Elas deviam ter feito outra coisa."

Talvez você não deva ser artista. "Talvez você deva ensinar matemática para crianças, angariar fundos para bancos de alimentos ou abrir uma empresa que fabrica cubos mágicos para bebês", escreve o comediante Mike Birbiglia. "Não desmereça o desistir. O trabalho à frente será absurdo e talvez seja melhor usar o tempo de outra forma."

Se o ato de criar arte estiver aumentando a tristeza do mundo, se afaste e faça outra coisa. Encontre outra ocupação para o tempo, algo que faça com que você e as pessoas à sua volta se sintam mais vivas.

O mundo não precisa necessariamente de mais artistas incríveis. Precisa de mais seres humanos decentes.

A arte é *para* a vida, não o contrário.

> "Sou a favor da arte que ajuda velhinhas a atravessar a rua."
>
> – Claes Oldenburg

⑦ VOCÊ MUDAR

PODE DE IDEIA.

> "O teste de uma inteligência de primeira é a capacidade de pensar em duas ideias opostas simultaneamente e ainda conseguir trabalhar. É preciso, por exemplo, ser capaz de ver que não há esperança, mas estar determinado a mudar esse fato."
>
> – F. Scott Fitzgerald

MUDAR É ESTAR VIVO.

Eu estava lendo um artigo de jornal sobre mudança climática no qual um antigo cético disse: "Se nunca mudou de ideia, é melhor se beliscar; talvez tenha morrido."

Qual foi a última vez em que mudou de ideia? Temos medo de mudar de ideia porque temos medo das consequências de mudar de ideia. O que vão pensar?

Nesta época, é esperado que tenhamos crenças às quais possamos nos agarrar e defender com nossa própria vida. Pense na política, por exemplo. Se um político muda de ideia publicamente, isso é visto como um sinal de fraqueza, um sinal de derrota. Deus nos livre de mudar de ideia demais, porque aí somos vira-casaca.

As redes sociais nos transformaram todos em políticos. Em *marcas*. Todo mundo é uma *marca* agora e a pior coisa do mundo é ser *inconsistente*.

Só que ser consistente com a marca implica em ter 100% de certeza de quem é e do que faz, sendo que certeza, na arte *e* na vida, não só é totalmente supervalorizada, como também bloqueia a descoberta.

Incerteza é a própria base da arte. O escritor Donald Barthelme disse que o estado natural do artista é de *não saber*. John Cage disse que, quando não estava trabalhando, achava que sabia de alguma coisa, mas, quando trabalhava,

> "Eu faço explorações. Não sei aonde elas vão me levar."
>
> - *Marshall McLuhan*

eu
achei
que estava errado
sobre
tudo

mas isso também estava errado

A ORAÇÃO DUNNING-KRUGER*

DEIXE-ME SER INTELIGENTE O SUFICIENTE PARA SABER QUÃO BURRO EU SOU E DÊ-ME A CORAGEM PARA SEGUIR EM FRENTE

*O EFEITO DUNNING-KRUGER É UM FENÔMENO PSICOLÓGICO RESUMIDO PELO COMEDIANTE JOHN CLEESE: "PESSOAS IDIOTAS NÃO FAZEM IDEIA DE COMO SÃO IDIOTAS."

era óbvio que não sabia nada. "De certa forma, isso é meu trabalho", diz o roteirista Charlie Kaufman. "Eu me sento à mesa e não sei o que fazer."

Começamos cada trabalho sem saber exatamente aonde vamos ou onde chegaremos. "Arte é a forma mais elevada de esperança", disse o pintor Gerhard Richter, mas esperança não se trata de saber o resultado – e sim de seguir em frente mesmo com incerteza. É uma forma de *lidar* com a incerteza. "Esperança é abraçar o desconhecido e desconhecível", diz Rebecca Solnit. Para ter esperança, é preciso reconhecer que não sabemos tudo e não sabemos o que acontecerá. É a única forma de seguir em frente e continuar a fazer arte: se abrir às possibilidades e se permitir se transformar.

Óbvio que mudar de ideia envolve *pensar* de verdade. Pensar exige um ambiente em que possamos experimentar várias ideias sem julgamento. Para mudar de ideia, é preciso um bom lugar para ter ideias ruins.

A internet, infelizmente, não é mais um espaço seguro para qualquer tipo de pensamento experimental, especialmente no caso de quem tem público ou qualquer tipo de "marca". (Que palavra horrível! Parece que somos gado, com a marca do dono queimada na pele.)

Não, para mudar de ideia, talvez seja preciso fugir da marca, e fugir da internet. Sua estação de bem-aventurança, seu estúdio, um caderno de papel, uma troca de mensagens particular, uma sala cheia de pessoas queridas e confiáveis: são os espaços para pensar de fato.

PENSAR IGUAL VS. SENTIR IGUAL

> "O mundo precisa de você para puxar conversas sinceras, dizer 'eu não sei' e demonstrar bondade."
>
> – *Charlie Kaufman*

EU NÃO VOU DISCUTIR COM DESCONHECIDOS NA INTERNET.
EU NÃO VOU DISCUTIR COM DESCONHECIDOS NA INTERNET.
EU NÃO VOU DISCUTIR COM DESCONHECIDOS NA INTERNET.
EU NÃO VOU DISCUTIR COM DESCONHECIDOS NA INTERNET.
EU NÃO VOU DISCUTIR COM DESCONHECIDOS NA INTERNET.
EU NÃO VOU DISCUTIR COM DESCONHECIDOS NA INTERNET.
EU NÃO VOU DISCUTIR COM DESCONHECIDOS NA INTERNET.
EU NÃO VOU DISCUTIR COM DESCONHECIDOS NA INTERNET.
EU NÃO VOU DISCUTIR COM DESCONHECIDOS NA INTERNET.
EU NÃO VOU DISCUTIR COM DESCONHECIDOS NA INTERNET.
EU NÃO VOU DISCUTIR COM DESCONHECIDOS NA INTERNET.
EU NÃO VOU DISCUTIR COM DESCONHECIDOS NA INTERNET.
EU NÃO VOU DISCUTIR COM DESCONHECIDOS NA INTERNET.
EU NÃO VOU DISCUTIR COM DESCONHECIDOS NA INTERNET.
EU NÃO VOU DISCUTIR COM DESCONHECIDOS NA INTERNET.
EU NÃO VOU DISCUTIR COM DESCONHECIDOS NA INTERNET.

"Pensar independentemente de outros seres humanos é impossível", escreve Alan Jacobs no livro *Como pensar: um guia de sobrevivência para um mundo em desacordo*.[1] "Pensar é necessariamente, completamente e incrivelmente social. Tudo que pensamos é uma resposta ao que outros pensaram e disseram."

O problema é que nossa cultura está cada vez mais segregada em comunidades e redes de pessoas que pensam igual. Fora da internet, isso se manifesta nos lugares em que vivemos, por escolha ou necessidade. Na internet, se manifesta nos sites que visitamos, em quem escolhemos seguir e nos algoritmos de redes sociais, ajustados precisamente para nos mostrar o que acham que queremos ver.

Interagir com pessoas que não compartilham das nossas perspectivas nos obriga a repensar nossas ideias, reforçá-las

---

[1] Alta Books, 2019, trad. Guilherme Marques Calôba.

ou trocá-las por ideias melhores. Quando só interagimos com quem pensa igual a nós o tempo todo, há cada vez menos oportunidade para mudança. Todo mundo conhece o sentimento de estar com gente que ama a mesma arte, ouve a mesma música e vê os mesmos filmes: no começo é reconfortante, mas também pode ser incrivelmente entediante e, no fim, sufocante.

Jacobs recomenda que quem quiser mesmo explorar ideias deve considerar interagir com gente que *sente igual*, mais do que *pensa igual*. São pessoas "com temperamento aberto e hábito de ouvir". Pessoas generosas, bondosas, cuidadosas e atentas. Pessoas que, ao ouvir uma ideia, "pensam em vez de simplesmente reagir". Pessoas cuja companhia é agradável.

Certo dia, recebi a mensagem de um leitor que dizia que, apesar de ter opiniões políticas contrárias às minhas, se sentia capaz de realmente ouvir o que eu tinha a dizer, em vez de se desligar do que não queria escutar. Ele suspeitava que a conexão que sentimos com outras pessoas que sabemos que estão tentando ao máximo trazer coisas novas e belas ao mundo tinha a ver com o espírito criativo.

Tente ao máximo procurar as pessoas com quem você sente esta conexão.

VISITE O PASSADO.

> "Cada época tem sua própria perspectiva. Cada uma é especialmente boa em ver algumas verdades e especialmente aberta a cometer alguns erros. Portanto, todos precisamos de livros que corrijam os erros característicos de nosso próprio tempo. Ou seja, os livros do passado... Claro que os livros do futuro seriam corretivos igualmente eficientes, mas infelizmente não temos como acessá-los."
>
> – C. S. Lewis

Quase todas as pessoas vivas são tão obcecadas pela novidade que acabam pensando nas mesmas coisas. Se você estiver com dificuldade de encontrar gente com quem pensar, vá atrás dos mortos. Eles têm muito a dizer e são excelentes ouvintes.

Leia livros antigos. Seres humanos existem há muito tempo e quase qualquer problema que enfrentamos provavelmente já foi abordado por outro ser humano que viveu centenas, quiçá milhares de anos antes. O estadista e filósofo romano Seneca disse que, ao ler livros antigos, adicionamos todos os anos vividos pelo autor à nossa própria vida. "Não somos excluídos de época alguma, pois temos acesso a todas", disse ele. "Por que não nos afastar deste tempo breve e passageiro e nos entregar completamente ao passado, que é ilimitado, eterno e compartilhado com homens melhores do que nós?" (Ele escreveu isso tudo já tem quase dois mil anos!)

É impressionante como a vida humana muda pouco. Quando leio o *Tao Te Ching* de Lao Tzu, me fascina o fato

SE NÃO PENSAR NUMA IDEIA PRÓPRIA:

① IDENTIFIQUE UMA IDEIA POPULAR QUE VOCÊ ODEIA E QUE QUER DESTRUIR.

② ENCONTRE UMA IDEIA OPOSTA E ANTIGA DA QUAL TODO MUNDO ESQUECEU E A RESSUSCITE.

de cada poema antigo ser basicamente um comentário afiado sobre nossos políticos contemporâneos. Mergulhar nos diários de Henry David Thoreau nos apresenta um retrato de um homem apaixonado por plantas, qualificado demais, empregado de menos, frustrado com política, que mora com os pais – ele é exatamente igual aos meus colegas!

Temos memórias tão curtas. Não é nem preciso ir tão longe para descobrir coisas das quais já esquecemos. Abrir um livro de um quarto de século antes pode ser equivalente a desenterrar um baú do tesouro.

Se você quiser uma fuga rápida do tumulto da vida contemporânea, é só visitar o passado para romper a bolha de pensamentos iguais e refletir bem. É uma fonte inesgotável: todo dia criamos mais e mais passado.

⑧ NA *DÚVIDA*,

ARRUME.

FERRAMENTAS ARRUMADAS E MATERIAL BAGUNÇADO.

> "A bagunça da mesa, do chão; os bilhetinhos amarelos por aí; o quadro branco todo rabiscado: isso tudo é a manifestação externa do caos do pensamento humano."
>
> – *Ellen Ullman*

Que época ruim pra juntar tralha! A propaganda contra acúmulo e a mania da arrumação foi agitada por programas de televisão como *Acumuladores compulsivos* e *Quem dá mais?*, assim como milhares de blogueiros tarados por estúdios ajeitados e escritórios perfeitos com "tudo arrumadinho", culminando com o sucesso gigantesco de vendas de *A mágica da arrumação*, da Marie Kondo. Apesar das dicas de Kondo serem muito eficientes para gavetas de meias e despensas, tenho minhas dúvidas quanto à utilidade para artistas.

Meu estúdio, assim como minha cabeça, está sempre meio bagunçado. Pilhas de livros e jornais por todos os cantos, imagens rasgadas e coladas na parede, pedacinhos picados de papel no chão. Não é por acidente. Eu *amo* minha bagunça. Eu *cultivo ativamente* minha bagunça.

Criatividade depende de conexão, e não há conexão se tudo for separado no próprio cantinho. Ideias novas são criadas por meio de combinações interessantes, mas combinações interessantes acontecem quando as coisas estão *fora do lugar*.

Há quem pense que um estúdio organizado libera espaço para *mais eficiência* e, portanto, *mais produção*. Talvez isso ajude na parte produtiva do trabalho de, digamos, um serigrafista imprimindo, mas não ajuda a criar um projeto interessante para a próxima serigrafia. É sempre um erro igualar produtividade e criatividade. Não são a mesma coisa. Na verdade, frequentemente funcionam em oposição: costumamos ser mais criativos quando somos menos produtivos.

Óbvio que bagunça pode ser demais. É difícil trabalhar sem achar as coisas necessárias na hora necessária. Cozinheiros franceses praticam a chamada *mise en place*, que significa "pôr no lugar". É um método de planejamento e preparo: separar e organizar todos os ingredientes e ferramentas necessários antes de cozinhar. "*Mise en place* é a religião de todos os bons cozinheiros", escreveu Anthony Bourdain em *Cozinha confidencial*.[1] "A estação, a condição e a prontidão são extensões do sistema nervoso."

---

1 Ed. Companhia das Letras, 2016.

CERQUE-SE DA BAGUNÇA DO QUE AMA.

É essa a palavra-chave que podemos roubar dos cozinheiros: *prontidão*. A maioria de nós não tem que se preocupar com clientes famintos ou com a inspeção sanitária. Não precisamos de espaços perfeitamente limpos e arrumados. Só precisamos que estejam prontos para trabalhar.
O cartunista Kevin Huizenga argumenta que organizar o estúdio não significa organizar a *aparência* dele. "Se espalhar papéis no chão ajuda a trabalhar agora, porque é preciso consultá-los constantemente, eles devem ficar ali."

Há um equilíbrio entre caos e ordem no espaço de trabalho. Meu amigo John T. Unger tem a regra perfeita: ferramentas organizadas, material bagunçado. "Organize bem as ferramentas, para encontrá-las quando precisar", diz ele. "Deixe os materiais se misturarem na bagunça. Algumas obras de arte criei por puro acaso, porque algumas coisas se juntaram numa pilha e deram origem a uma obra quase pronta. No entanto, se você não puder pegar imediatamente a ferramenta da qual precisa, o dia todo (ou o entusiasmo e a inspiração) pode ser jogado fora nessa busca."

ARRUMAR É EXPLORAR.

> "Eu nunca encontro o que quero, mas a vantagem é que sempre encontro outra coisa."
>
> – *Irvine Welsh*

Um cartaz enorme acima da minha mesa declara uma das "Estratégias Oblíquas" de Brian Eno e Peter Schmidt:

NA DÚVIDA, ARRUME.

Repare que diz "na dúvida", não "sempre". Arrumação é para quando estou travado ou enrolado. Arrumar um estúdio não é nada mágico – desculpa, sra. Kondo. É só uma forma de *procrastinação produtiva*. (Evitar trabalhar trabalhando em outra coisa.)

O melhor de arrumar é que ocupa minhas mãos e deixa minha cabeça livre para a) me soltar ou resolver outro problema, ou b) encontrar alguma coisa na bagunça que leva a outro trabalho. Por exemplo, eu começo a arrumar e desenterro um poema inacabado enfiado numa pilha de papel, ou um desenho inacabado que o ventilador jogou pro outro lado da garagem.

A melhor arrumação é um tipo de *exploração*. Redescubro coisas enquanto reviro as tralhas. O motivo da arrumação

REAÇÕES POSSÍVEIS

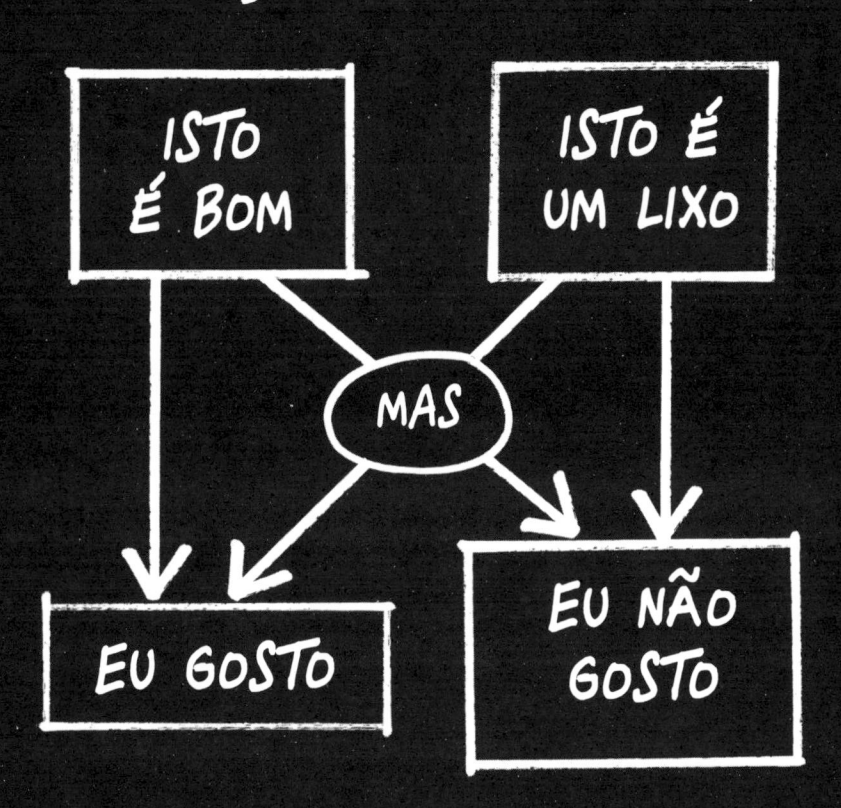

```
┌─────────────┐     ┌─────────────┐
│   ISTO      │     │   ISTO É    │
│   É BOM     │     │   UM LIXO   │
└─────────────┘     └─────────────┘
        │      ╲   ╱      │
        │       (MAS)     │
        │      ╱   ╲      │
        ▼     ▼     ▼     ▼
┌─────────────┐     ┌─────────────┐
│  EU GOSTO   │     │  EU NÃO     │
│             │     │  GOSTO      │
└─────────────┘     └─────────────┘
```

não é exatamente limpar, mas entrar em contato com alguma coisa esquecida que agora me serve.

É um estilo de arrumação lento, sonhador e pensativo. Quando esbarro em um livro perdido, por exemplo, folheio para ver se alguma página ao acaso tem algo a me dizer. Às vezes pedacinhos de papel caem do livro, como mensagens secretas do universo.

Muitas vezes, paro de arrumar porque me distraio com a leitura. É o contrário completo da sugestão de Marie Kondo. No capítulo dedicado à arrumação dos livros, ela diz: "Não comece a ler os livros, pois isso irá prejudicar seu julgamento."[2] Deus me livre!

Arrumar na esperança de encontrar a ordem perfeita é muito estressante. Arrumar sem se preocupar muito com os resultados pode ser uma brincadeira relaxante.

Na dúvida, arrume.

---

2 *A mágica da arrumação*, Marie Kondo, Sextante, 2015, trad. Marcia Oliveira.

O SONO ARRUMA O CÉREBRO.

> "Cochilar é parte essencial do meu processo. Não sonhar, mas aquele estado anexo ao sonho, quando a mente acorda."
>
> – *William Gibson*

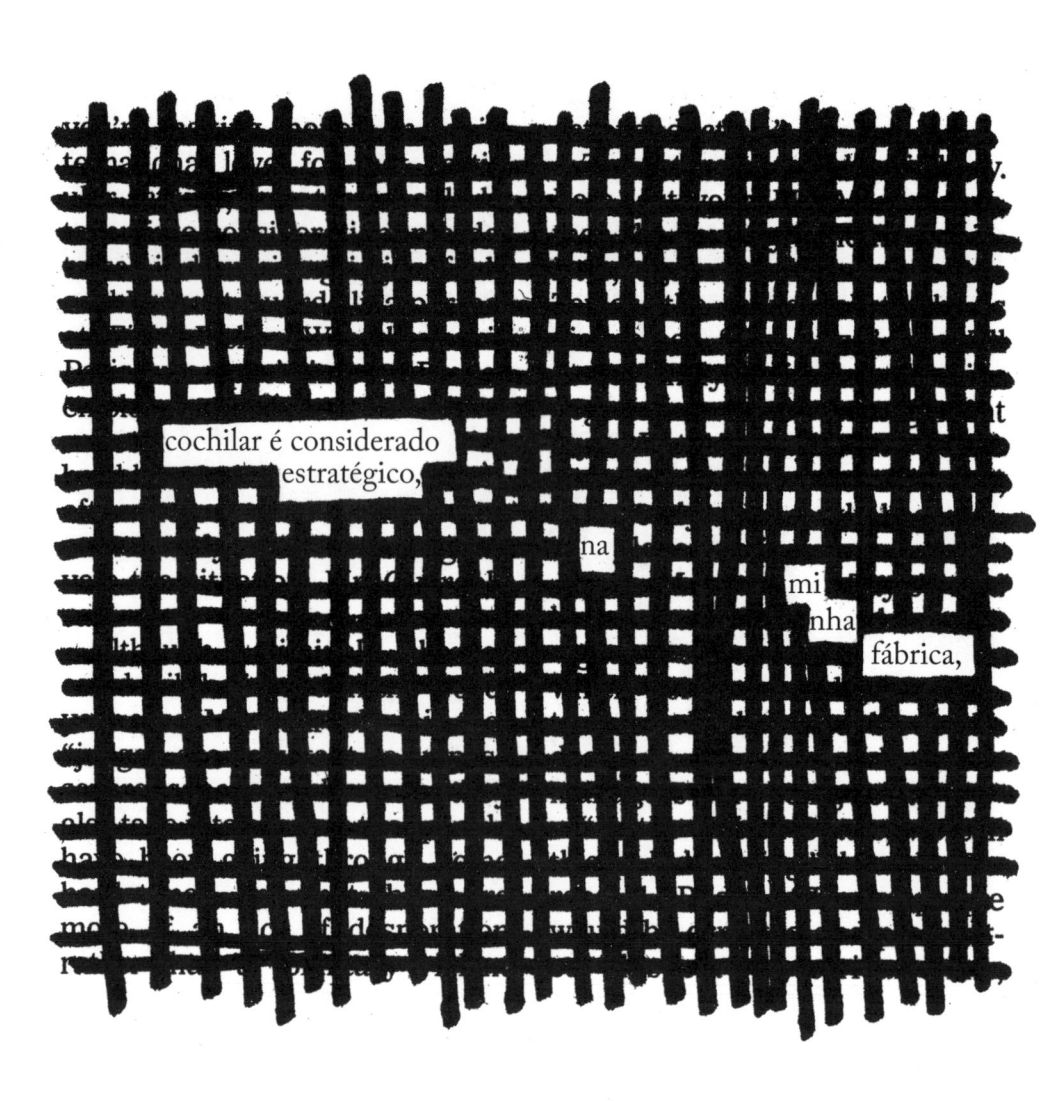

cochilar é considerado estratégico, na minha fábrica,

Cientistas e filósofos há muito tempo pensam no sono e na sua função, e têm chegado cada vez mais perto do que artistas sempre souberam: o sono é uma excelente ferramenta para arrumar o cérebro. Ao dormir, nosso corpo literalmente limpa a bagunça da cabeça. Neurocientistas explicam que o líquido cefalorraquidiano do cérebro flui mais rápido durante o sono, limpando toxinas e proteínas ruins acumuladas nos neurônios.

Cochilos são a arma secreta de muitos artistas. "A gente quase só cochila", diz o cineasta Ethan Coen ao descrever o processo criativo dele e do irmão Joel. Considero cochilos outra forma de arrumação mágica que *parece* improdutiva, mas muitas vezes leva a novas ideias.

Nem todos os cochilos são iguais. Há muitas formas de cochilar. Salvador Dalí gostava de cochilar segurando uma colher. Quando pegava no sono, deixava a colher cair e acordava, ainda no estado onírico necessário para suas pinturas surreais. O escritor Philip Roth disse que aprendeu a técnica de cochilo com o pai: tirar a roupa e se cobrir com um lençol ajuda a dormir melhor. "A melhor parte é que ao acordar, pelos primeiros quinze segundos não tenho ideia de onde estou", disse Roth. "Só estou vivo. É só o que sei. É êxtase, puro êxtase."

Já eu gosto do "cochilo cafeinado": tome uma xícara de café ou chá, deite por quinze minutos e volte a trabalhar quando a cafeína fizer efeito.

"Que pena não ser possível escrever sonambulamente no teto com o dedo da mão ou do pé."

– Denton Welch

"Estamos na época do divórcio. Coisas que deveriam estar juntas foram separadas. Não dá para juntar tudo de volta. Só dá para fazer a única coisa possível: pegar duas coisas que deviam estar juntas e juntá-las."

– Wendell Berry

DEIXE TUDO MELHOR DO QUE ENCONTROU.

A melhor forma de arrumação mágica que pode ser feita ocorre fora do estúdio ou do escritório: arrumar o mundo mais amplo.

O escritor David Sedaris é um arrumador nato. Ele conta histórias de passar aspirador e limpar a bagunça dos irmãos desde criança. Quando vendeu o primeiro livro, estava trabalhando como faxineiro em Manhattan. Agora é um autor rico e bem-sucedido que mora em uma cidade ao oeste de Londres. Sabe como ele passa a maior parte do dia? Catando lixo na beira da estrada.

Isso mesmo: um dos autores vivos mais famosos estima passar de três a oito horas por dia dedicando-se à limpeza. Sedaris já catou tanto lixo que a cidade literalmente deu o nome dele a um caminhão de lixo local. Os vizinhos o conhecem principalmente como catador de lixo. Quando o jornal *West Sussex County Times* escreveu uma matéria sobre ele, nem mencionou que era escritor.

O engraçado é que o hábito de catar lixo de Sedaris tem tudo a ver com a escrita dele. Sedaris, como muitos artistas, coleciona restos descartados do caos da vida e os recicla – no caso dele, pedacinhos de diálogo e experiências ignoradas, que transforma em ensaios. (A antologia de seus diários tem o título apropriado de *Theft by Finding*, que seria o contrário do ditado "*achado não é roubado*".) Alguns dos seus diários, que ele imprime e encaderna com regularidade, contêm pedaços do lixo que encontra nas caminhadas.

Arte não se faz *só* do que "traz alegria". Arte também se faz do que achamos feio ou repugnante. Parte do trabalho do

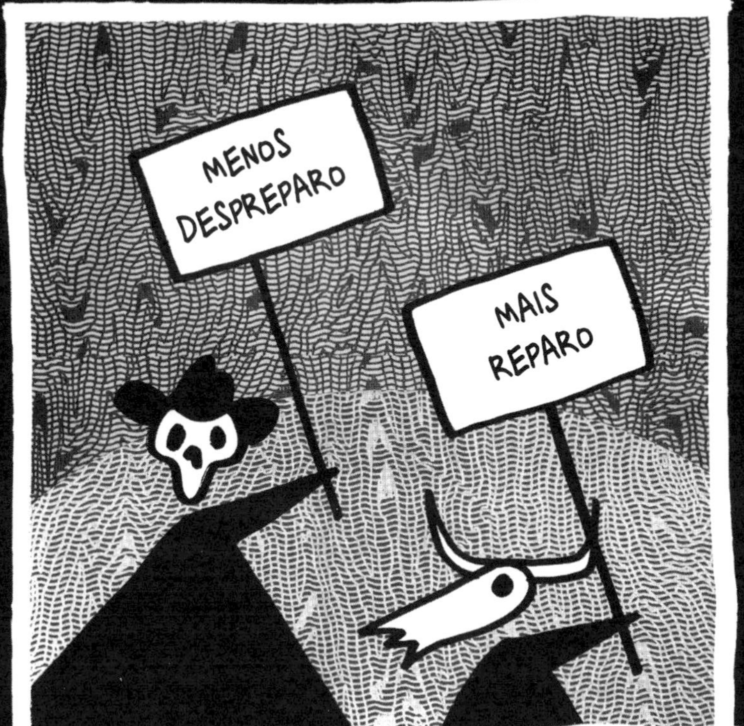
MENOS DESPREPARO
MAIS REPARO

artista é arrumar o lugar, dar ordem ao caos, transformar lixo em ouro, mostrar beleza onde não a vemos.

Às vezes, acho educativo pensar em algumas das máximas que usamos para o trabalho criativo.

DEIXE SUA MARCA.

FAÇA UM ESTRAGO NO UNIVERSO.

VÁ COM TUDO E QUEBRE TUDO.

Essas frases supõem que o mundo precisa ser marcado, amassado ou quebrado, e que o propósito cósmico dos seres humanos é o *vandalismo*.

Já está tudo uma bagunça lá fora. Deixamos marcas suficientes no planeta. Precisamos de menos vândalos, mais faxineiros. Precisamos de arte que arruma. Arte que cola. Arte que conserta.

Vamos encontrar máximas melhores. Talvez possamos nos inspirar na medicina:

PRIMEIRA REGRA, NÃO CAUSE DANOS.

Ou talvez seja melhor usar o tipo de aviso espalhado em parques:

DEIXE TUDO MELHOR DO QUE ENCONTROU.

Já é um bom começo.

⑨ DEMÔNIOS

AR

ODEIAM FRESCO.

> "Eu adentrei meus melhores pensamentos."
>
> – *Søren Kierkegaard*

O EXERCÍCIO EXORCIZA.

Quase todo dia, sob sol ou chuva, eu e minha esposa levamos nossos dois filhos, no carrinho duplo vermelho, para uma caminhada de cinco quilômetros pelo bairro. Muitas vezes cansa, às vezes é sublime, mas é sempre inteiramente fundamental para começar o dia. A gente fala. A gente faz planos. A gente reclama dos políticos. A gente para e conversa com vizinhos ou admira a natureza suburbana.

Nossa caminhada matinal é onde nascem ideias e se editam livros. Esse passeio é tão crucial que adotamos o

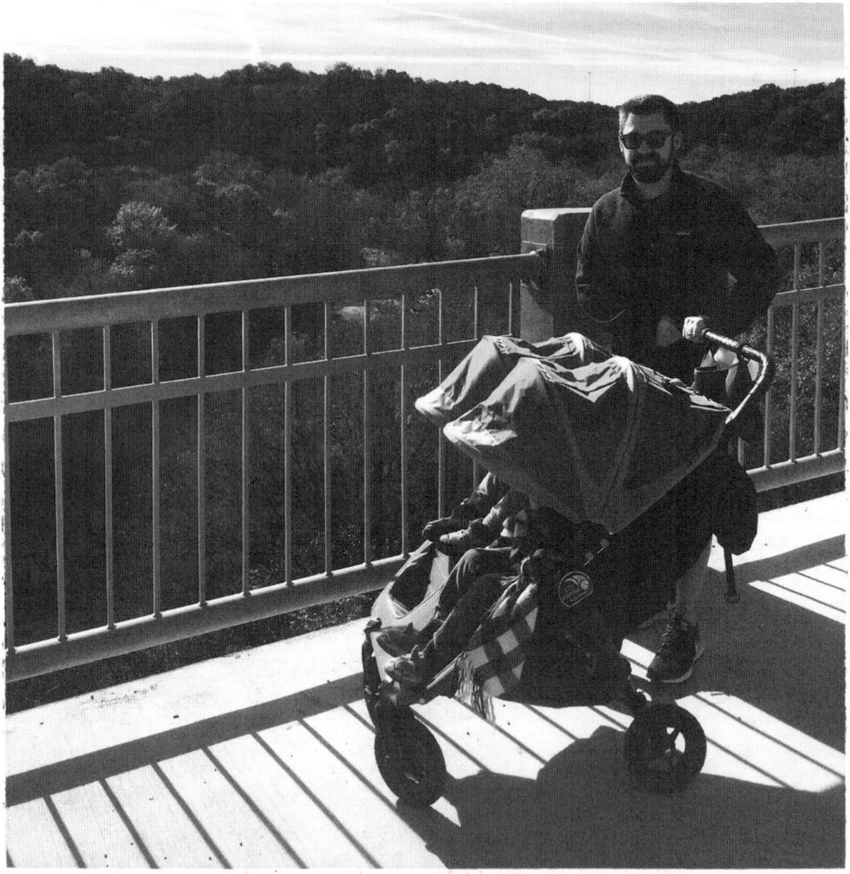

lema não oficial dos Correios dos Estados Unidos: "Nem neve, nem chuva, nem calor, nem escuro… impede que estes mensageiros completem rapidamente suas rondas designadas." Não marcamos compromisso ou reunião antes da caminhada. Quando conhecemos um vizinho novo, a conversa costuma começar com:

– Vocês são aquele casal do carrinho vermelho?

Andar é mesmo uma cura mágica para quem não consegue pensar direito. "*Solvitur ambulando*", disse Diógenes, o Cínico, dois mil anos atrás. "Se resolve andando."

A lista de artistas, poetas e cientistas famosos que andavam, caminhavam e trilhavam a cidade e o campo é praticamente infinita. Wallace Stevens compunha poemas na caminhada de ida e volta da seguradora onde trabalhava. Friedrich Nietzsche escreveu muitos livros em trilhas ao redor de lagos. "Se eu não pudesse andar longe e rápido", escreveu Charles Dickens sobre suas maratonas de mais de trinta quilômetros por Londres, "acabaria explodindo e morrendo". Tanto Ludwig van Beethoven quanto Bob Dylan foram pegos pela polícia enquanto vagavam pelo subúrbio – Beethoven na Viena do século XIX, Dylan na Nova Jersey do século XXI. Henry David Thoreau, que passava duas horas por dia andando pelo bosque nos arredores de Concord, escreveu: "Acho que assim que minhas pernas começam a se mexer, meus pensamentos começam a fluir."

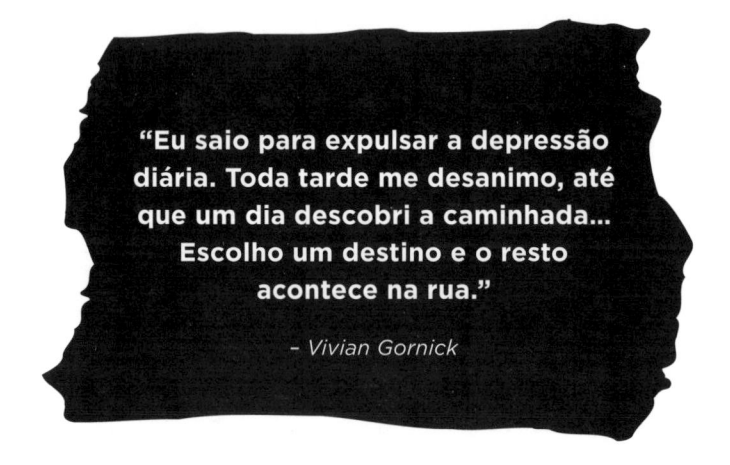

> "Eu saio para expulsar a depressão diária. Toda tarde me desanimo, até que um dia descobri a caminhada... Escolho um destino e o resto acontece na rua."
>
> – *Vivian Gornick*

Andar faz bem para a saúde física, espiritual e mental. "Qualquer que seja a hora de acordar, vá caminhar", disse o diretor Ingmar Berman à filha, Linn Ullmann. "Os demônios odeiam que você saia da cama. Demônios odeiam ar fresco."

O que aprendi nas nossas caminhadas matinais é que, sim, caminhar é ótimo para expulsar os demônios *internos*, mas, talvez mais importante, caminhar é ótimo para lutar contra demônios *externos*.

Aqueles que querem nos controlar através do medo e da desinformação – grandes empresas, publicitários, políticos – nos querem ligados ao telefone ou à televisão, porque assim nos vendem sua visão de mundo. Se não sairmos de casa, se não caminharmos no ar fresco, não vemos nosso mundo diário como realmente é e não criamos nossa própria visão para combater a desinformação.

A arte exige nossos sentidos completos. O trabalho da arte é fazer com que a gente desperte para os nossos sentidos.

Nossas telas, por outro lado, nos fizeram perder nossos sentidos *e* nosso sentido. O efeito geral foi uma espécie de anestesia espiritual. "Ser sensual, acredito, é respeitar e rejubilar a força da vida, da própria vida, e estar *presente* em tudo que fizer", escreveu James Baldwin no ensaio "The Fire Next Time". Ele continuou: "Algo de muito sinistro acontece com as pessoas de um país quando elas começam a desconfiar da própria reação de maneira tão intensa como acontece aqui, e quando se tornam tão infelizes assim." Baldwin estava preocupado com não confiarmos mais na experiência sensorial: "A pessoa que desconfia de si própria não tem referência para a realidade."

Quando estamos colados à tela, o mundo parece irreal. Horrível. Não vale a pena salvá-lo, nem interagir com ele. Todo mundo parece um babaca, um maníaco, ou coisa pior.

Mas é só sair e caminhar para *retomar os sentidos*. Tá, tem uns maníacos e alguma feiura por aí, mas também gente sorridente, pássaro cantando, nuvem voando... tudo isso.

"O que mais fazer?"

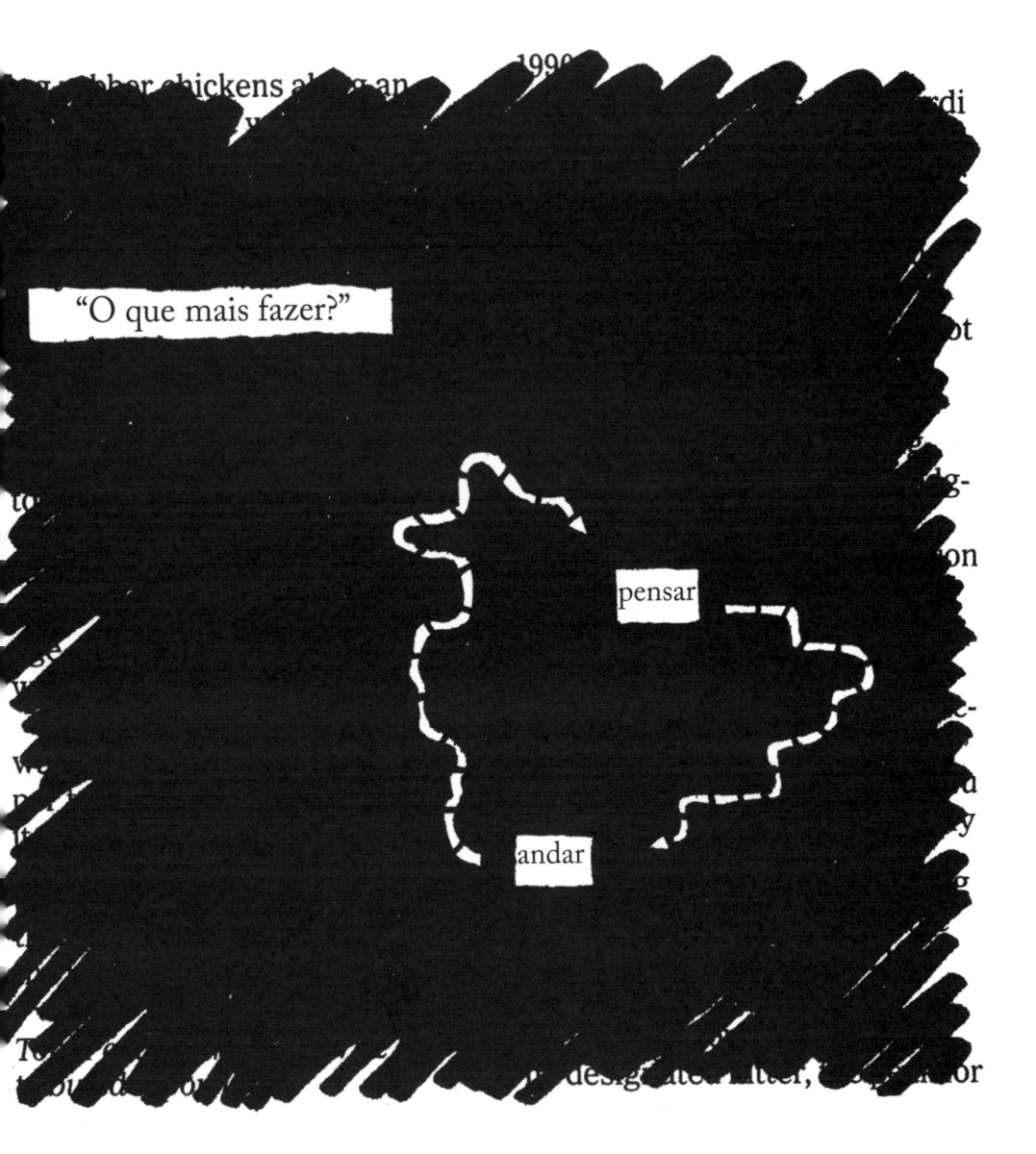

pensar

andar

Há possibilidade. Caminhar é uma forma de encontrar possibilidade na vida quando não parece sobrar nenhuma.

Por isso, saia todo dia. Faça caminhadas longas e solitárias. Caminhe com amigos, parceiros ou cães. Caminhe com colegas na hora do almoço. Pegue um saco plástico e uma vareta para catar lixo como David Sedaris. Carregue sempre um caderno ou uma câmera no bolso para quando quiser registrar um pensamento ou imagem.

Explore o mundo a pé. Veja o bairro. Conheça os vizinhos. Converse com desconhecidos.

Os demônios odeiam ar fresco.

"Saia e ande. É a glória da vida."

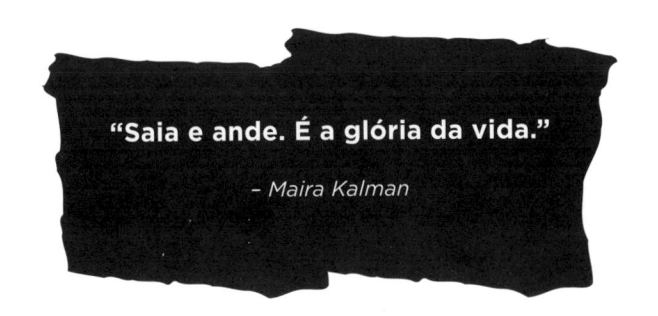

- Maira Kalman

⑩ PLAN SEU

TE JARDIM.

CRIATIVIDADE TEM ESTAÇÕES.

Depois de trinta anos como freira em Los Angeles, Corita Kent se mudou para Boston, onde poderia viver tranquila e criar arte. O seu apartamento tinha uma enorme janela saliente que dava para um bordo no quintal. Ela gostava de sentar ali para observar as mudanças da árvore em cada estação. (O que é muito mais difícil em Los Angeles ou aqui no Texas, onde temos duas estações: quente e mais quente.)

"Aquela árvore foi a maior professora das últimas duas décadas da vida dela", disse um antigo aluno de Corita Kent, Mickey Myers. "Ela aprendeu com aquela árvore. A beleza da primavera só vinha depois da dificuldade do inverno, e, às vezes, os invernos mais brutais resultavam nas primaveras mais gloriosas."

Um jornalista veio visitá-la e perguntou o que ela andava fazendo. "Bom… tenho visto aquele bordo crescer lá fora. Nunca antes tive tempo para observar uma árvore", respondeu ela.

Ela falou que se mudou para o apartamento em outubro, quando a árvore estava cheia, e que a viu perder as folhas ao longo do outono. No inverno, a árvore ficou coberta de neve. Na primavera, florzinhas brotaram e a árvore nem parecia um bordo. Finalmente, as folhas se tornaram mais reconhecíveis e a árvore voltou a ser o que era.

"É, de certa forma, muito parecido com o que sinto sobre minha vida", disse ela. "Não sei se outros reconhecem, mas eu sinto que coisas novas e incríveis acontecem dentro de mim em silêncio. Sei também que essas coisas têm seu jeito, assim como o bordo, de brotar de alguma forma."

Para Kent, a árvore passou a representar a própria criatividade. Como uma árvore, o trabalho criativo tem suas estações. Parte do trabalho é saber qual é a estação atual e agir de acordo. No inverno, "a árvore parece morta, mas sabemos que começa um processo muito profundo, do qual nascerão a primavera e o verão".

O comediante George Carlin lamentou nossa obsessão pela ideia de avanço e progresso visíveis. "A visão americana é que tudo tem que continuar a subir: produtividade, lucro, até comédia." Ele sentia que não tínhamos tempo para refletir. "Nenhum tempo para contrair antes de expandir. Nenhum tempo para crescer. Nenhum tempo para aprender com os erros. Mas essa noção vai contra a natureza, que é cíclica."

É preciso prestar atenção aos ritmos e ciclos da produção criativa, e aprender a ter paciência com as estações de intervalo. É preciso se dar tempo para mudar e observar o próprio padrão. "Viva cada estação conforme passa e se resigne à influência dela", escreveu Henry David Thoreau.

← NOV 0

~~SEGUNDOS~~	BATIMENTOS CARDÍACOS
~~DIAS~~	SÓIS NASCENTES
~~SEMANAS~~	
~~MESES~~	FASES DA LUA
~~TRIMESTRES~~	ESTAÇÕES
~~ANOS~~	A VOLTA DA PRIMAVERA

Uma forma de entrar em contato com as próprias estações é seguir os passos de Kent e Thoreau e observar as estações da natureza. Desenhe a mesma árvore todo dia por um ano. Aprenda astronomia casual. Veja o sol nascer e se por durante uma semana. Observe a lua toda noite por alguns ciclos. Tente entender um pouco do tempo não mecânico e veja se ele te recalibra e muda sua sensação de progresso.

Nossas vidas também têm estações diferentes. Alguns de nós desabrochamos jovens; outros só desabrocham mais velhos. Nossa cultura costuma comemorar sucessos rápidos, daqueles

> "Imite as árvores. Aprenda a perder para que possa recuperar, e lembre que nada fica igual por tanto tempo."
>
> – *May Sarton*

que desabrocham cedo. No entanto, é comum que pessoas murchem tão logo desabrochem. É este o motivo de eu ignorar todas as listas publicadas de "35 melhores com menos de 35 anos". Não estou interessado em sucessos anuais. Estou interessado em sucessos perenes. Só quero saber das listas de "8 melhores com mais de 80 anos".

Não quero saber como um cara de trinta anos ficou rico e famoso; quero saber como uma senhora de oitenta anos passou a vida na anonimidade, continuou a criar arte e viveu feliz. Quero saber como Bill Cunningham pulou na bicicleta todo dia e pedalou por Nova York para fotografar depois dos oitenta anos. Quero saber como Joan Rivers conseguiu contar piadas até o fim. Quero saber como Pablo Casals, depois dos noventa anos, continuou a acordar pela manhã para praticar o violoncelo.

São essas as pessoas em quem busco inspiração. Aquelas que encontraram o que as mantinha vivas e que se mantiveram

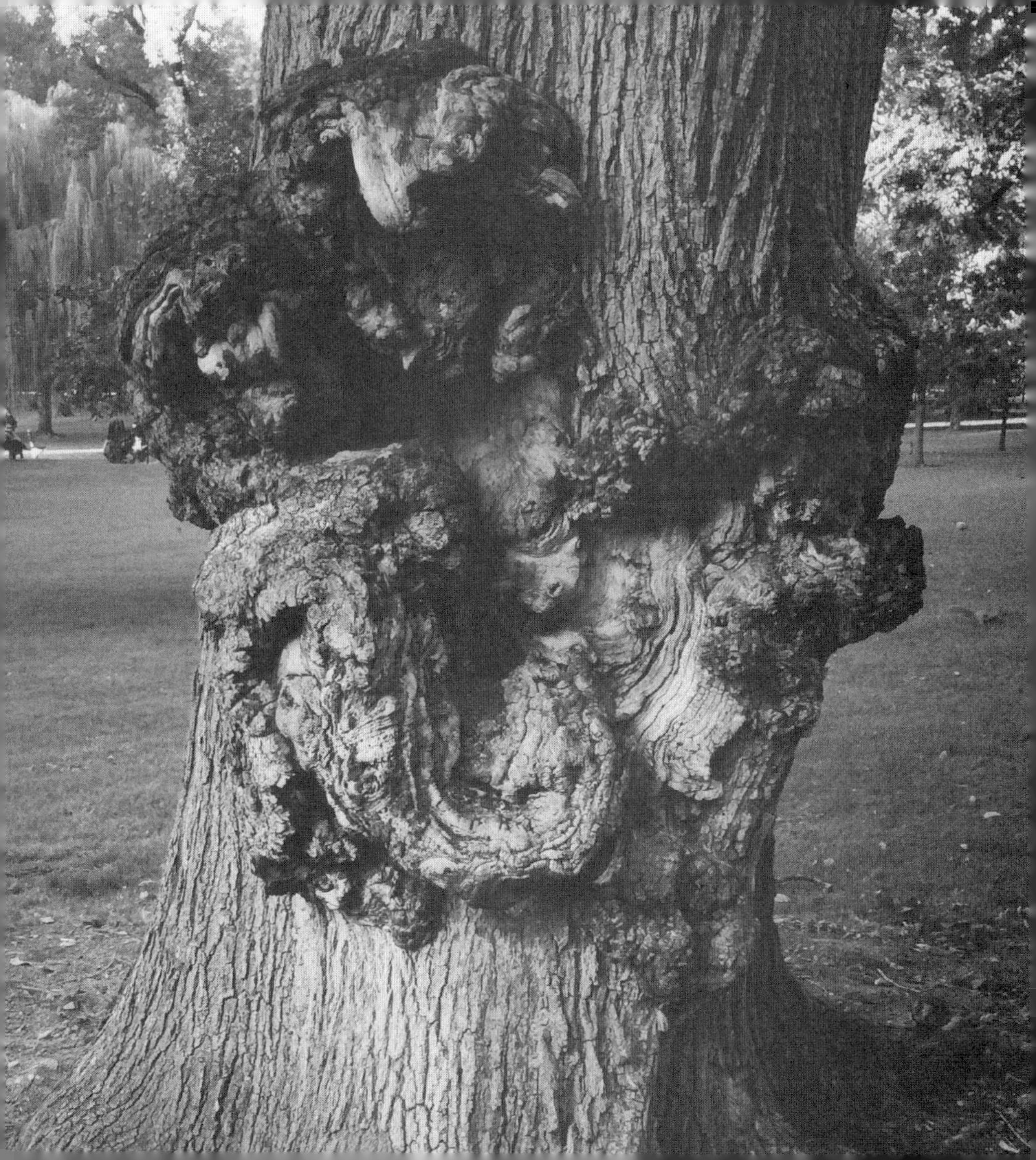

vivas desta forma. Aquelas que plantaram sementes, semearam seus jardins e brotaram frutos duradouros.

Quero ser uma delas. Quero seguir o lema do pintor octogenário David Hockney: "Vou continuar até cair."

"Não dá para medir o tempo, nenhum ano importa, dez anos não são nada. Ser artista não significa analisar e contar, mas amadurecer como a árvore que não força a seiva e se ergue firme contra a tempestade da primavera sem temer que o verão não chegue. Ele chega. Mas só para os pacientes, que ali ficam como se frente à eternidade, imóveis, abertos e despreocupados. Aprendo todo dia, aprendo com a dor à qual sou grato: paciência é tudo!"

– Rainer Maria Rilke

"Dizem que um monarca oriental um dia ordenou que inventassem uma frase, sempre exposta, que fosse verdadeira e apropriada em qualquer momento e situação. Apresentaram a ele as seguintes palavras: 'Isso também passará.' Que expressivo! Que controle frente ao orgulho! Que consolo à aflição profunda! 'Isso também passará.'"

– *Abraham Lincoln*

ISSO TAMBÉM PASSARÁ.

Os demônios externos que mencionei no capítulo anterior – os homens decididos a destruir o planeta, cortando pedaços de lucro como o Lex Luthor – não vão durar para sempre. Vão abandonar este mundo, assim como nós. Talvez nos levem com eles, claro, mas todos nos encaminhamos para o mesmo fim. De qualquer forma, isso também passará, e eles passarão. Isso me reconforta.

A casa onde moro tem mais de quarenta anos. Não é tão velha, mas meus filhos sobem em árvores que estavam vivas nos anos 1970. Conversando com os vizinhos mais velhos que encontro nas caminhadas matinais, soube que a mulher do casal que construiu nossa casa amava jardinagem. Minha mulher também começou a jardinar: ela faz buquês de flores que a antiga dona da casa plantou.

A janela do banheiro tem vista para o quintal dos fundos. Quando preciso tirar água do joelho, paro de escrever e olho para a janela: vejo minha mulher escavar a terra, mostrar as variedades de plantas aos nossos filhos, oferecer provas das comestíveis. Ver esta cena me enche de esperança mesmo nos dias mais perdidos.

Como jardinagem demanda muita paciência e atenção, jardineiros têm uma noção única do tempo e da perspectiva.

Os meses antes da Segunda Guerra foram alguns dos piores meses na vida de Leonard e Virginia Woolf, que viram os eventos se desdobrarem, impotentes e desesperados.

VEJA À DISTÂNCIA.

Eu planto meu jardim porque

O que mais posso fazer além de brincar com tempo

Leonard disse que uma das coisas mais horríveis foi ouvir os discursos de Hitler no rádio – "os delírios grotescos e insanos de um fracassado vingativo que de repente se viu todo-poderoso".

Certa tarde, ele estava plantando lírios roxos debaixo de uma macieira no pomar. "De repente, ouvi a voz de Virginia me chamar da janela da sala."

Era outro discurso de Hitler.

Mas Leonard não aguentava mais.

"Não vou!", gritou para Virginia. "Estou plantando lírios que vão crescer por muito tempo após a morte dele."

Ele estava certo. No seu livro de memórias, *Downhill All the Way*, Leonard comentou que, 21 anos depois de Hitler morrer por suicídio no bunker, algumas daquelas flores roxas ainda cresciam debaixo da macieira no pomar.

Não sei exatamente que tipo de flor estou plantando nos meus dias neste planeta, mas planejo descobrir e você devia fazer o mesmo.

Todo dia é uma semente que podemos fazer crescer até que se torne bela. Não há tempo para desespero. "Devemos nos regozijar no fato de que tivemos a sorte de nascer", disse o poeta Mark Strand. "A probabilidade de não nascer é astronômica." Ninguém sabe quantos dias teremos, então é uma pena desperdiçar os que temos.

"Esta é *precisamente* a hora em que os artistas vão trabalhar. Não há tempo para desespero, lugar para pena de si mesmo, necessidade de silêncio, espaço para medo. Falamos, escrevemos, fazemos a linguagem. É assim que civilizações se curam. Sei que o mundo está ferido e sangrando, e, apesar de ser importante não ignorar sua dor, também é fundamental se recusar a sucumbir à malevolência. Como o fracasso, o caos contém informação que pode levar a conhecimento – ou até sabedoria. Como a arte."

– *Toni Morrison*

SIGA EM FRENTE

Sempre que a vida parecer pesada demais, volte ao primeiro capítulo deste livro e pense em seus dias. Tente seu melhor para preenchê-los de formas que te aproximam aos poucos de onde quer chegar. Vá com calma e não se cobre. Se preocupe menos com fazer tudo. Se preocupe mais com o que vale ser feito. Se preocupe menos com virar um grande artista. Se preocupe mais com virar um bom ser humano que cria arte. Se preocupe menos com deixar sua marca. Se preocupe mais com deixar tudo num estado melhor do que encontrou.

Siga em frente trabalhando. Siga em frente brincando. Siga em frente desenhando. Siga em frente olhando. Siga em frente ouvindo. Siga em frente pensando. Siga em frente sonhando. Siga em frente cantando. Siga em frente dançando. Siga em frente pintando. Siga em frente esculpindo. Siga em frente projetando. Siga em frente compondo. Siga em frente atuando. Siga em frente cozinhando. Siga em frente procurando. Siga em frente caminhando. Siga em frente explorando. Siga em frente doando. Siga em frente vivendo. Siga em frente prestando atenção. Siga em frente com seus próprios verbos, quaisquer que sejam.

Siga em frente.

> "AINDA A SER NESTE

— ANTHONY

HÁ ARTE FEITA MUNDO."

BOURDAIN (1956-2018)

E AGORA?

- COLOQUE O CELULAR NO MODO AVIÃO.
- FAÇA UMAS LISTAS.
- CONTRATE UMA CRIANÇA PARA APRENDER A BRINCAR.
- FAÇA UM PRESENTE PARA ALGUÉM.
- ARRUME.
- DEITE E TIRE UM COCHILO.
- FAÇA UMA LONGA CAMINHADA.
- DÊ UM EXEMPLAR DESTE LIVRO PARA ALGUÉM QUE PRECISA LÊ-LO.
- ASSINE MINHA NEWSLETTER SEMANAL GRATUITA (EM INGLÊS) NO SITE: AUSTINKLEON.COM.

"LIVROS SÃO FEITOS DE LIVROS."

— CORMAC MCCARTHY

- HENRY DAVID THOREAU, JOURNALS
- URSULA FRANKLIN, THE REAL WORLD OF TECHNOLOGY
- NEIL POSTMAN, AMUSING OURSELVES TO DEATH
- DAVID ALLEN, A ARTE DE FAZER ACONTECER
- TOVE JANSSON, MOOMIN
- ANDREW EPSTEIN, ATTENTION EQUALS LIFE
- LAO TZU, TAO TE CHING
- JAMES P. CARSE, JOGOS FINITOS E INFINITOS
- KERI SMITH, THE WANDER SOCIETY
- ALAN JACOBS, COMO PENSAR

A VIDA DESTE LIVRO COMEÇOU NOS MEUS DIÁRIOS...

WHAT VAMPIRES?
TRACKING — SOLVITUR AMBULANDO — WHAT GIVES IT?
WOODS — STROLLING — CURE — ENERGY
WALKING — WALT WHITMAN

WANDERING

NOT KNOWING — OPENNESS
NO GOALS — SENSES OPERATIONAL — EYES, TONGUE
TAKE A LINE FOR A WALK — LISTEN — SKIN — LOOK — FEET — NOSE

"WHEN FROM OUR BETTER SELVES WE HAVE TOO LONG BEEN PARTED BY THE HURRYING WORLD... HOW GRACIOUS, HOW BENIGN IS SOLITUDE!"
— WORDSWORTH

THE things of this WORLD EXIST, THEY ARE; YOU CAN'T REFUSE THEM.
— LAO TZU

DON'T MESS WITH MY FANTASY IT IS REAL TO ME

2018 - A
2018
2018 - 2017
2017
2017
2017
2017
2017
2017
2016 JUL

"THE LAST YEAR HAS FORCED US ALL INTO POLITICS.... WE DO NOT BREATHE WELL. THERE IS INFAMY IN THE AIR... [IT] ROBS THE LANDSCAPE OF BEAUTY, and TAKES THE SUNSHINE OUT OF EVERY HOUR..."

— RALPH WALDO EMERSON, 1851

IT DOESN'T MATTER IF IT'S GOOD RIGHT NOW

IT JUST NEEDS TO EXIST

PERMISSION

YOU DO NOT NEED PERMISSION BUT IF YOU INSIST

HERE IT IS.

2017 HAS BEEN A SLOW PROCESS OF **DISCONNECTING** FROM DIGITAL LIFE AS A WAY OF ~~RECONNECTING~~ WITH LOCAL PLACES AND THE **INTERNAL STATE**. **WALKING** IS THE EASIEST WAY TO DROP OUT OF THE ONLINE FEED AND ENGAGE ALL 5 ANALOG SENSES, TO SEEK OUT DISCOVERIES IN OUR EVERYDAY WORLD, AND THEN **WRITING**, BY HAND, ALLOWS US TO CALL FORTH WHAT IS INSIDE US, TO DISCOVER & RECORD.

— WAYS OF THINKING WHILE MINIMIZING DISTRACTION

CONVERSATION
EXPLORING THE OUTSIDE WORLD
ALL FIVE SENSES
WALKING
TRACKING THE PASSAGE OF TIME
TO CALL FORTH WHAT IS INSIDE YOU
DISCONNECTING FROM THE DIGITAL WORLD
WRITING (BY HAND)
READING
RECORDING
A FORM OF WALKING

they are really the same thing — discovering what's inside you...

MISTAKEN FOR VAGRANTS

I FIND IT CURIOUS THAT BOTH BEETHOVEN AND BOB DYLAN WERE MISTAKEN FOR VAGRANTS AT THE PEAK OF THEIR ~~POWERS~~ FAME — BEETHOVEN IN THE SUBURBS OF VIENNA, AND BOB DYLAN SOMEWHERE IN NEW JERSEY...

"THANK YOU!"

EVERYTHING YOU WISH AN ARTIST WOULD DO IS A STARTING POINT FOR YOUR OWN WORK...

"I WISH ___ WOULD DO A COUNTRY RECORD"

TRANSLATES TO: "I WILL DO A RECORD THAT SOUNDS LIKE ___ DOING COUNTRY"

"I WISH I HAD A ___ THAT ___"

TRANSLATES TO: "I WILL MAKE A ___ THAT ___"

IT IS UP TO YOU TO TRANSLATE YOUR DESIRES INTO YOUR WORK

I got a flashlight out

Jules as a monkey, and

he started drawing these
_____ little scenes — him

"YOU CAN DO IT PAPA!"

people"? Sweet boys.

ZINES

IF I JUST MAKE
A ZINE A MONTH,
CAN I STAPLE
THEM TOGETHER
AT THE END
AND CALL IT
A BOOK?

DON'T WORRY, PAPA

I'LL ASK SIRI WHAT THE TITLE OF YOUR BOOK SHOULD BE!

YOU DIDN'T LOOK LIKE YOU WERE WORKING ON A BOOK

YOU LOOKED LIKE YOU WERE WORKING ON YOUR COMPUTER.

Obrigado,

Obrigado por

me

receber

Agradeço: minha esposa, Meghan, minha primeira leitora, primeira em tudo. Meu agente, Ted Weinstein. Meu editor, Bruce Tracy, e toda a ótima equipe da Workman Publishing, incluindo: Dan Reynolds, Suzie Bolotin, Page Edmunds, Rebecca Carlisle, Amanda Hong, Galen Smith, Terri Ruffino, Diana Griffin, e muito mais. Andy McMillan e a equipe de Backerkit Bond, pelo convite para a apresentação que inspirou este livro, e a Paul Searle e sua equipe por filmá-la. Meus amigos, colegas e mentores distantes, incluindo: Alan Jacobs, Wendy MacNaughton, Matt Thomas, Tio Stark, John T. Unger, Frank Chimero, Kelli Anderson, Clayton Cubitt, Ann Friedman (especialmente pelo artigo "Not Every Hobby Is a Side Hustle"), Steven Tomlinson, Steven Bauer ("bunda na cadeira!"), Olivia Laing (especialmente pela história de Leonard Woolf), Brian Eno, Brian Beattie e Valerie Fowler (a placa do capítulo 10 é deles!), Ryan Holiday, Maria Popova, Seth Godin, Jason Kottke, Edward Tufte, Levi Stahl, Laura Dassow Walls (pela excelente biografia de Thoreau), Deu Chachra (ela me apresentou a Ursula Franklin) e Lynda Barry. Todos meus leitores maravilhosos e assinantes espertos e solícitos da newsletter. Finalmente, meus filhos, Owen e Jules, que são meus artistas preferidos do mundo e me inspiram todo dia.

LEIA MAIS!

ESTE LIVRO IRÁ MOSTRAR COMO ESTABELECER UMA VIDA MAIS CRIATIVA NA ERA DIGITAL.

MAIS DE 1.000.000 DE EXEMPLARES VENDIDOS.

ROUBE COMO UM ARTISTA
10 DICAS SOBRE CRIATIVIDADE
AUSTIN KLEON
Rocco

ESTE LIVRO IRÁ MOSTRAR COMO DIVULGAR A SUA CRIATIVIDADE E FAZER COM QUE ELA SEJA DESCOBERTA.

↓

USE ESTE CADERNO PARA ESTIMULAR SUA CRIATIVIDADE E MANTER UM REGISTRO DE SUAS EXPERIMENTAÇÕES.

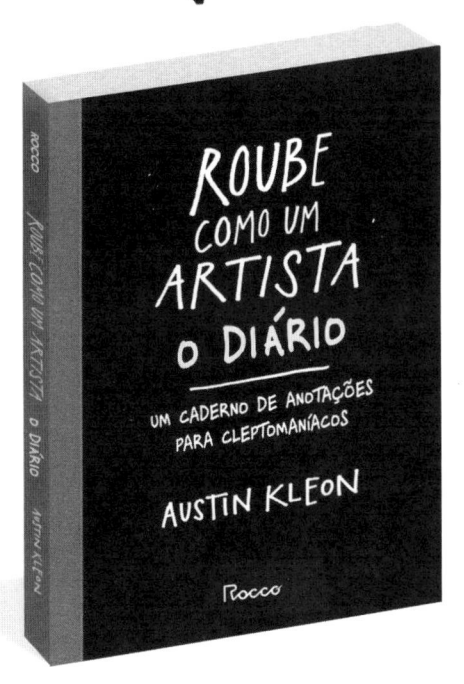

↓

MOSTRE SEU TRABALHO!
10 MANEIRAS DE COMPARTILHAR SUA CRIATIVIDADE E SER DESCOBERTO
AUSTIN KLEON
Rocco

ROUBE COMO UM ARTISTA — O DIÁRIO
UM CADERNO DE ANOTAÇÕES PARA CLEPTOMANÍACOS
AUSTIN KLEON
Rocco

ANOTAÇÕES